HOLY SMOKE BBQ

KEIN RAUCH OHNE FLEISCH

JOHAN FRITZELL & JOHAN ÅKERBERG

FOTO: DAVID BACK

VORWORT

– VON DANIEL VAUGHN, BARBECUE-REDAKTEUR DER TEXAS MONTHLY –

Barbecue ist eine Gruppenaktivität. Heute verwenden wir den Begriff für die Bezeichnung des aus der Ehe zwischen Fleisch und Feuer geborenen Kindes. Allzu oft begrenzen wir die Bedeutung auf eine spezielle Zubereitungsmethode, aber ursprünglich war Barbecue, insbesondere in den Südstaaten der USA, ein Event. Ein „Barbecue"" bedeutete nicht, dass man Fleisch aß. Es war das Ereignis an sich, das Fest, das die Menschen in einer Gemeinschaft zusammenführte.

Lange, bevor beim BBQ gesmoktes Fleisch eine Handelsware war, wurde es in Texas gratis verschenkt. Farmer und Viehzüchter spendeten Tiere, die geschlachtet und auf den großartigen Barbecue-Festen des 19. Jahrhunderts im Ganzen zubereitet wurden. Auf der Speisekarte standen auch eher große Stücke vom Rindern oder ganze Schweine als Brisket und Ribs, und sogar Lamm und Ziege waren absolut üblich. Es gab keine Vorschriften über Saucen bzw. darüber, welches Tier zu nehmen sei – solange es über einem Feuer zubereitet wurde, war es bei einem Barbecue willkommen. Während das Fleisch stundenlang – mitunter die ganze Nacht über – zubereitet wurde, konnte jeder kommen und gratis essen. Die ganze Community tauchte auf, um sich Teller und Magen zu füllen.

Natürlich machte das auch viel Arbeit, und selbst heute ist es immer noch eine Herausforderung, Pitmaster zu sein. Aber in den guten alten Zeiten in Texas ein Barbecue auszurichten hieß, einen Graben von der Länge eines Busses auszuheben, ausreichend Holz und Reisig zusammenzutragen und ihn zu füllen. Nachdem das Feuer angezündet war, brannte das Holz über Nacht zu glühender Kohle und über der Glut wurden geviertelte Kälber oder ganze Schweine zum Grillen auf Stahlstangen oder jungen Bäumen aufgespießt. Das Tier zu übergießen und zu drehen und dabei auf das Feuer zu achten, konnte gut und gerne einen ganzen Tag dauern. Kurz gesagt, das war kein kleines intimes Essen, das man schnell mal so machte, sondern man musste die ganze verdammte Stadt einladen.

Heutzutage wird Barbecue eingeschränkter verstanden. Von Pitmastern in North und South Carolina erwartet man heute, Schwein serviert zu bekommen, der Westernstaat Kentucky ist ein Eldorado für Lammfleisch und Texas ist berühmt für sein Rindfleisch-Barbecue. Dogmatische Barbecue-Fans bestanden jahrzehntelang darauf, diese heiligen geografischen Fleischgrenzen aufrechtzuerhalten, ansonsten wäre der gute Glaube an den Barbecue-Standort erschüttert. Glücklicherweise sind die Regeln lockerer geworden und ein gutes Barbecue weiß man im ganzen Land zu schätzen, egal welches Tier auf der Speisekarte steht.

Wir mögen also in Texas auch weiterhin ein ordentliches Stück fettes Brisket nur mit Salz und Pfeffer gewürzt und brauchen keine BBQ-Sauce für unser Fleisch (Dill-Gewürzgurken als Beilage sind wichtiger), dennoch wissen wir ein gutes Saucenrezept zu schätzen. Riesige Beef Ribs könnte man für Texas typisch nennen, zumal die Texaner ja den Ruf haben, alles zu lieben, was groß ist, aber wir mögen eben auch Schweinerippchen und sogar das eine oder andere vom Lamm.

Hausgemachte Wurst ist in der texanischen Barbecue-Kultur ein Symbol der Handwerkstradition, wir lieben also unsere zusammengebundenen Wurstketten. Das Allerwichtigste ist: Ein echtes Texanisches Barbecue wird über Rauch aus hartem Holz zubereitet. Das ist das Mantra, durch das Texas-Style-Barbecue sowohl im Bundesstaat selbst als auch außerhalb Berühmtheit erlangt hat. Die Veränderung in der amerikanischen Bar-

„LEUTE AUS ALLER WELT, DIE ERNSTHAFT BARBECUE BETREIBEN WOLLEN, SCHEINEN NACH TEXAS ZU KOMMEN, UND VIELE FRAGEN MICH UM RAT."

becue-Kultur ging rasant vonstatten. Noch vor zehn Jahren war es fast unmöglich, auch nur ein halbwegs gutes Barbecue-Restaurant in Städten außerhalb des Barbecue-Gürtels der Südstaaten zu finden. Natürlich gab es einige wenige Ausnahmen – wie Chicago mit seinen Ribs und herzhaften Würsten oder die dicken Steaks in Santa Maria, Kalifornien – aber zur damaligen Zeit ein gutes Brisket in New York oder Short Ribs in Seattle zu kriegen – viel Glück. Heute dagegen fragt man sich, ob es überhaupt noch irgendeine amerikanische Stadt gibt, die keine gute BBQ-Bude hat. Pitmaster von der Ost- bis zur Westküste, die um die Bedeutung des geduldigen Zubereitens über alle Arten von Holz wissen, haben bei eingefleischten Südstaatlern, die dem Handwerk huldigen, Respekt erworben, sogar bei Gastrokritikern aus Texas, wie ich es einer bin.

Ich schreibe für die Zeitung Texas Monthly über Barbecue und verdiene damit mein Geld. Wir geben monatlich ein Hochglanzmagazin heraus, aber um die beliebteste Ausgabe zusammenzustellen, braucht es schon etwas länger. In der heutigen Zeit, in der gefühlt jede Woche Top-10-Listen zum Thema Barbecue erscheinen, fahren die Redaktion und ich jede Woche Hunderte von Kilometern durch ganz Texas, um die besten Barbecue-Restaurants im ganzen Bundesstaat zu finden. Die Ergebnisse werden alle vier Jahre in der heiß ersehnten Liste Texas Monthly Top 50 BBQ Joints veröffentlicht. Ohne übertreiben zu wollen, möchte ich behaupten, dass diese Liste das Evangelium für alle ist, die im gesamten Bundesstaat fantastisches Barbecue essen wollen. Sie ist eine unschätzbare Informationsquelle sowohl für Texaner als auch für Touristen, und deshalb verwenden Besucher aus anderen Bundesstaaten und sogar aus anderen Ländern unsere Liste für die Planung ihrer Entdeckungsreisen.

Ich freue mich über die zunehmende Aufmerksamkeit, die Texas Barbecue in letzter Zeit genießt. Leute aus aller Welt, die ernsthaft Barbecue betreiben wollen, scheinen nach Texas zu kommen, und viele fragen mich um Rat. So habe ich auch Johan und Johan von Holy Smoke BBQ kennengelernt. Als sie auf einem ihrer BBQ-Researchtrips in Amerika unterwegs waren, aßen wir Brisket und Wurst im Lockhart Smokehouse in

Dallas, und sie erzählten mir damals von ihrem Projekt in Schweden. Die Idee klang witzig, aber ich war mir nicht sicher, wie ernsthaft ihre Pläne waren. Ich habe schon zu viele wohlmeinende Barbecue-Enthusiasten getroffen, die dann nach Europa zurückgekehrt sind und sich statt eines richtigen holzgefeuerten Smokers für die Anschaffung eines elektrischen entschieden haben. Es sollte sich jedoch zeigen, dass Johan und Johan anders waren.

Angelockt von der Aussicht auf Aquavit in unbegrenzten Mengen und eingelegten Heringen reiste ich nach Nyhamnsläge in Skåne zur Verkostung von Holy Smoke BBQ. Die von treuen Fans hochgeladenen Bilder sahen vielversprechend aus, aber was wussten Schweden schon von Smokern, Briskets und Ribs?

Die Einsatzbereitschaft und der Respekt, den Holy Smoke BBQ dem Barbecue-Handwerk zollte, gaben zumindest Hoffnung. Unser beliebtestes Essen so hochachtungsvoll interpretiert zu sehen, machte mich stolz auf Johan und Johan und mit Freude sah ich das ständig steigende Ansehen, das Texas-Barbecue genießt. Es sei hier betont, dass sich der Eindruck, den Holy Smoke BBQ hinterließ, sich nicht nur auf das bezieht, was auf dem Teller lag. Ich besuchte auch einen ihrer Vorträge, bei dem das amerikanische und vor allem das texanische Barbecue-Evangelium vor wissbegierigen Pitmastern aus ganz Europa gepredigt wurde, um die weitere Verbreitung dieser Zubereitungsart weltweit zu gewährleisten.

Das Barbecue, das bei Holy Smoke serviert wird, ist fantastisch, aber am beeindruckendsten war, wie dort eine ganze Gemeinschaft entstanden ist. Besucher aus ganz Europa genießen zusammen herrliche Beef Ribs und saftige Würste an endlos langen Tischen. Die Kinder sammeln sich um ein großes Feuer und grillen Marshmallows, nachdem sie ihre Ribs und Briskets aufgegessen haben. Das Bier, die Musik und die Abgeschiedenheit des Ortes fördern das Miteinander. Holy Smoke BBQ ist nicht nur ein gutes Restaurant, es ist ein Sammelplatz für Barbecue-Liebhaber und ein wichtiger Teil einer viel größeren Barbecue-Familie.

JOHAN ÅKERBERG ist Koch und hat sich völlig dem Rauch ver-
schrieben. Wenn er nicht gerade mit lautem Lachen und lustiger Mütze
im Holy Smoke rumhängt und sich dort im Dienst des guten Geschmacks
nützlich macht, ist er Vollzeit damit beschäftigt, neue Köstlichkeiten aus
seiner Räuchertonne hervorzuzaubern, die er auf seinem Hof im Stadtteil
Kungsholmen in Stockholm stehen hat. Er hat Berge von Kochbüchern zu
allen möglichen Themen mitverfasst, von Rauch und Würsten bis hin zu
Salaten und Muffins. Er liebt Johan Fritzell.

JOHAN FRITZELL gründete Holy Smoke, als er herausgefunden hatte, dass es diese Form von BBQ in Schweden nicht gab. Am Anfang war es seine Idee, für Gleichgesinnte zu kochen, und wie ein Wünschelrutengänger fand er den perfekten Ort dafür: am Krapperups Kyrkoväg in Bräcke im Nordwesten von Skåne. Trotz der abgeschiedenen Lage folgten die Leute seinen Rauchzeichen und fanden bei ihm Bier und texanische Briskets. Das sprach sich herum und seitdem läuft es. Im Sommer stehen die Leute bis zur Straße an, aber stets gut gelaunt und voller Vorfreude. Johan selbst wohnt zusammen mit Anna und den drei Kindern schön und ruhig im fünf Kilometer entfernten Höganäs. Er liebt Johan Åkerberg.

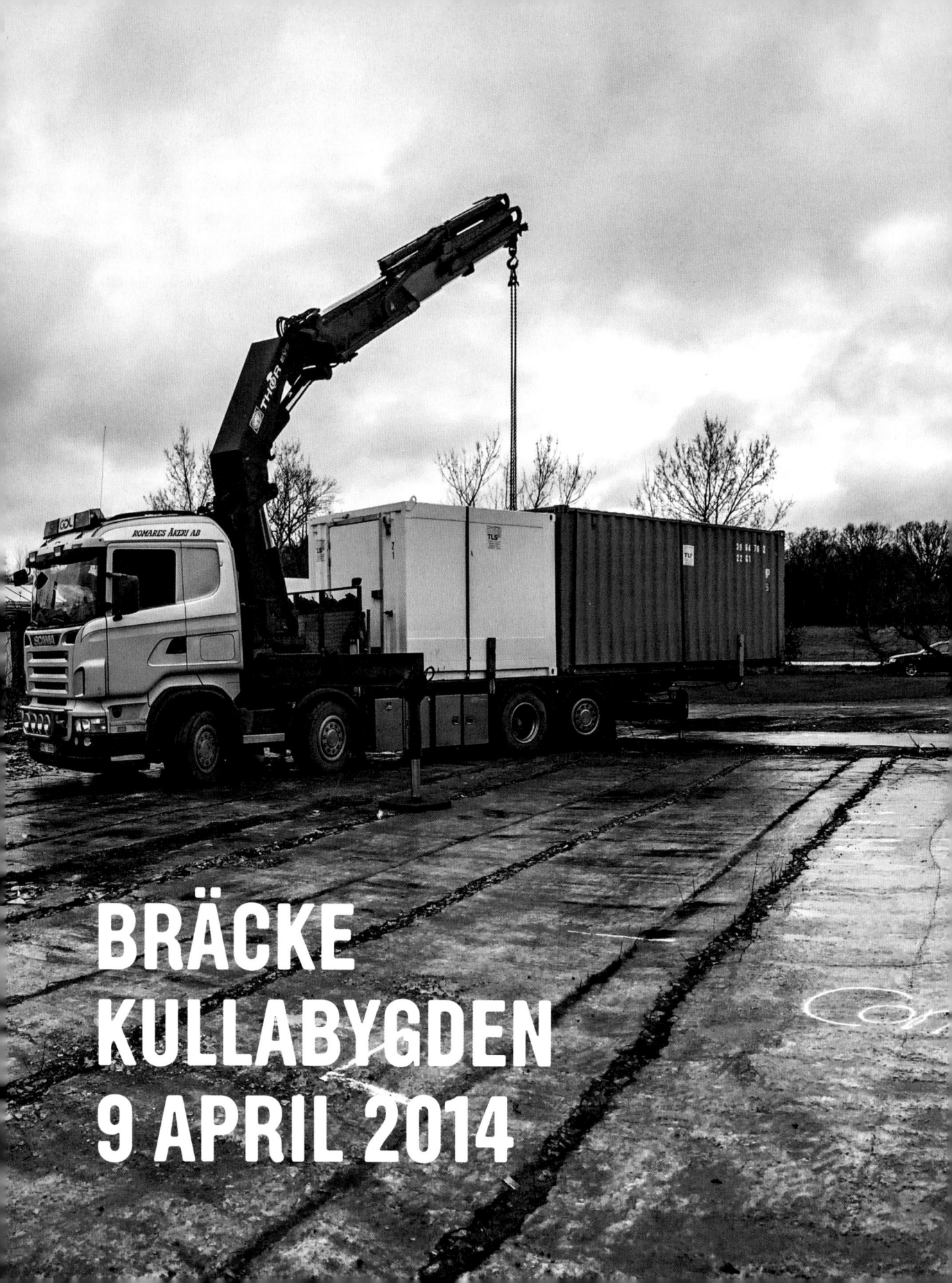

BRÄCKE
KULLABYGDEN
9 APRIL 2014

KEIN RAUCH OHNE FLEISCH

An manchen Tagen im Hochsommer scheint sich die halbe Welt in Bräcke zu treffen, im Holy Smoke im Nordwesten von Skåne. Ich meine damit Menschen aller Couleur. Familien mit Kind und Kegel, Biker und Bürotypen, Krankenschwestern und Maschinisten, Tätowierte und Nicht-Tätowierte (ja, heutzutage lässt sich diese Unterteilung durchaus vornehmen), Alte und Junge, Singles und Paare, Freunde, Verwandte und Teilnehmer von Bachelorpartys.

Und sie kommen in großer Anzahl, an so einem Wochenende können es gut ein paar Tausend Leute sein, die um und im Holy Smoke herumschwirren. Ungefähr genauso viele besuchen das kleine Dorf von Oktober bis März. Die Schlange reicht dann bis raus zur Straße, aber alle warten geduldig, bis sie an der Reihe sind, dann wird BBQ gegessen, Bier getrunken, geredet, gelacht, die Kids grillen Marshmallows über dem offenen Feuer in der Mitte des Hofs, der von schwarzen Containern umringt ist, die als Küche, Geschäft, Bar, Kasse und Lager dienen.

Jedes Wochenende ist wie ein wiederkehrendes Musikfestival, allerdings ohne Liveband. Aber an einigen Abenden im Sommer wird auch aufgespielt, dann geht das Fest bis lang in die Sommernacht und bringt etwas Leben in das kleine Dorf. Das ist auch nötig, denn wie man hier so schön sagt: „Da wo die Straßenlaternen enden, beginnt Bräcke."

Wusste ich, dass das hier mal so werden würde? Hell no. Am Anfang wusste ich ja nicht einmal, dass es ein Restaurant werden würde. In der Tat tue ich mich nach wie vor schwer damit, Holy Smoke ein Restaurant zu nennen.

Alles begann vor Jahren mit endlosem, intensivem Grillen von Kamm- und Lendenstücken auf Bullet Smokern zu Hause im Garten. Dann ergab sich die Gelegenheit, in die USA zu reisen, aber diesmal nicht auf irgendeine Standardtour nach NYC oder Florida, sondern auf meine erste Meatcruise nach Texas.

Dort gab es dann jede Menge Beef, insbesondere Brisket und Short Ribs, Fleisch, das zu der Zeit damals in Schweden nicht zu kriegen war. Ich erinnere mich noch heute an den Moment, als ich meinen ersten Bissen Brisket zu mir nahm – ich aß BBQ-Brisket. Wow! Darauf folgten einige Wochen Essen in allen möglichen Buden im mittleren Texas.

Da beschloss ich, dass es auch in Schweden möglich sein muss, amerikanisches Prime Brisket zu kaufen. Diese Ungerechtigkeit musste beseitigt werden.

Das war leichter gesagt als getan, aber nach meiner Rückkehr fing ich an, die Leute zuzutexten und ein paar Monate später war ein Lieferant gefunden und eine Kiste unterwegs von Creekstone Farms in Arkansas City.

Ich fühlte mich wie ein richtiger Gewinner, als ich die Kiste feierlich öffnete. Wäre Publikum da gewesen, wäre sicherlich ein Raunen zu hören gewesen – zwei Prime Briskets!

Ich muss wohl nicht betonen, dass die ersten Versuche eher mäßig waren. Aber es kamen mehr Kisten aus Arkansas City und das Ergebnis wurde langsam besser.

Irgendwann damals, während der ersten holprigen Schritte, wurde eine Idee geboren. Ich wusste nicht genau, was passieren musste, aber ich fühlte einen Drang, etwas daraus zu machen. Dazu kam, dass es der Familie mit gerade mal schulpflichtigen Kindern zu viel wurde, sich jedes zweite Wochenende ein ganzes Brisket reinzuziehen.

Die Frage war nur, wie sollte ich das machen … Ich hatte natürlich in sehr jungen Jahren viel in Kneipen gejobbt und Unternehmen geführt seit ich knapp 20 war, aber nie im Restaurantsektor. Nein, ein Restaurant sollte es nicht werden, das war auf jeden Fall klar. Ein bisschen Catering wäre ok und dann den Restaurants zubereitetes BBQ zum Verkauf anbieten – das war mein Plan.

Zu behaupten, dass ich eine Mission hatte, wäre zu viel gesagt, und ganz sicher wäre ich kein guter Pastor, aber diese Freude und der Stolz, die ich in den USA bei den Leuten erlebt hatte, die sich mit BBQ beschäftigen – und nicht zuletzt die wahnsinnig zufriedenen Gesichter derjenigen, die das verspeisten – waren sehr beeindruckend.

Also entschied ich mich. Wie schon gesagt und ich glaube, es stimmt: Möglicherweise war das auch eine Form von Midlife-Krise. Statt eines Sportwagens kaufte ich mir dann also einen richtigen Bad Ass Smoker. Nein, schlimmer noch, ich kaufte zwei. Es wäre falsch zu behaupten, dass es einen astreinen Geschäftsplan gegeben hätte. Das mit dem Kauf der Smoker war ja noch der einfache Teil, denn was danach kommen sollte, war höchst unklar. Wo sollte ich mich niederlassen? Der eigene Garten war keine Alternative mehr. Und als

jemand beim Abladen der Smoker vom Container sagte: „So, jetzt bleibt nur noch der Rest zu tun", war das wie ein Omen.

Das Location-Problem wurde von meinem alten Freund Mats gelöst. Er besuchte seine wunderbaren Eltern Gerd und Carl-Axel in Bräcke und sagte: „Johan wird jetzt hier auf dem Grundstück einen BBQ-Laden aufmachen", und sie sagten: „Ja, klar!", und das war´s. Auf deren Grundstück gab es einmal eine Gärtnerei, es ist also ziemlich groß, aber dennoch war es total großzügig von den beiden. I owe them big time still.

Der 9. April 2014 war nicht nur mein Geburtstag, sondern an dem Tag wurden ganz ohne Geschenkpapier die ersten Container aufgestellt, die zusammen mit meinen beiden Smokern den Grundpfeiler bilden sollten für den Aufbau von Holy Smoke.

Warum Container? Es gibt viele gute Gründe dafür: selbsttragende Konstruktion, relativ billig und cooler Look – dass dies in anderer Hinsicht wahnsinnig ist, davon hatte ich keine Ahnung. Und wenn man mal mit zwei schwarz gestrichenen Containern begonnen hat, ist es schwierig, mit roten Gartenhäuschen weiterzumachen. (Als ich zuletzt gezählt habe, hatten wir zwölf Container.)

Schon bald, nachdem ich angefangen hatte, stellte ich fest, dass man viel Zeit hat, wenn man 10–12 Stunden am Fleisch steht und aufpasst, jedenfalls wenn man nicht zu Hause in seinem eigenen Garten, sondern auf einer Wiese in einem Dorf mit vier Häusern steht. Nach und nach kamen Leute vorbei und wunderten sich, was hinter dem schwarzgeriffelten Blech passierte. Die Sache bei BBQ-Fleisch ist, dass es dauert, es muss dauern, sodass ich meist die ganze Zeit dort in Bräcke verbrachte. Die Leute, die zum zweiten und dritten Mal vorbeikamen, waren zum Schluss so neugierig, dass sie Fleisch kaufen wollten. Und ganz plötzlich war wie von selbst die nächste Idee geboren, d. h. die bislang bescheidene Produktion zu erweitern und auch an Privatleute zu verkaufen.

Wäre doch ganz schön, da draußen mitten auf dem Lande einen Ort zu haben, wo man mal schnell vorbeifährt und sich einen Rack Short Ribs oder vielleicht ein Pfund Briskets oder ein paar frisch geräucherte Würste holt. Nun ist BBQ

Unsere Vermieter Gerd und Carl-Axel.
Dank ihrer Großzügigkeit gibt es
Holy Smoke in Bracke.

natürlich nicht billig, das Fleisch kostet einiges, bei einigen Stücken kommen enorme Gewichtsverluste während der Verarbeitung hinzu.

Bei einem Brisket kriegen wir bestenfalls 30 % des ursprünglichen Gewichts bezahlt – teures Fleisch aus einem Container auf einem Feld in The Middle of Nowhere – wie, verdammt noch mal, soll das funktionieren? Vielleicht kommen ja einige Beileidsbesucher, aber wer sonst? Wir brauchten einen USP, wie es im Neudeutschen so schön heißt, einen Unique Selling Point, und den hatten wir ja.

Da lagen frisch geräucherte Briskets und warteten nur darauf, Sandwiches zu werden. Und einmal gekostet, merkt man sofort, das hier ist jeden einzelnen Cent wert, obgleich ziemlich teuer, in einem Container verkauft, auf einem Feld, weit weg von jeglicher Zivilisation und man denkt, so was hier hast du noch nie gegessen.

Im selben Jahr am 18. Juli – es war ein Sonnabend – meldete ich mich bei Facebook an und postete ein Bild, dass man in Bräcke „Genuine Texas Barbecue" essen könne. Es schien ein bisschen so, als hätte ich Geschichte geschrieben. Ich bekam 23 Likes und so um die 50 Freunde und Bekannte kamen vorbei.

Was dann passiert ist, weiß ich nicht, aber am Wochenende darauf hatten wir über hundert Gäste. Das Essen war schon alle, bevor es überhaupt aus den Smokern kam, es war total verrückt! Das war der Durchbruch, und seitdem läuft der Laden.

Zur Saison 2015 verdoppelten wir die Fläche, denn die Leute schienen wirklich neugierig darauf zu sein, wie Briskets oder Short Ribs auf unsere Art zubereitet schmecken. In den USA liebt man dieses Essen schon seit ewigen Zeiten und offensichtlich liebt man es auch hier in diesem Land. Die Leute haben uns in Bräcke einmal gefunden und sie kommen wieder. Das Ganze ist einfach unglaublich erfolgreich geworden. (Gut, dass das mal gesagt wird!)

Der Erfolg beruht nicht nur auf dem Essen, egal wie sehr man sich das wünschen würde. Ebenso wie bei allen BBQ-Buden in den Staaten ist es auch hier die besondere Atmosphäre. Es fällt mir schwer zu beschreiben, was diese ausmacht, aber ich glaube, es hat was zu tun mit einer Art Urtrieb, der die Menschen ans Feuer zieht und der ursprünglichen Art, Essen zuzubereiten. Einmal hier angekommen, sind alle froh und zufrieden. Die Stimmung ist wie ein Extra Side Dish auf der Karte und gehört immer dazu.

Natürlich ging auch was schief (man höre!), aber das meiste ging gut, wie beispielsweise, dass der wunderbare Johan Åkerberg als Kompagnon einstieg. Als er, der falsche Überläufer, das erste Mal hier auftauchte, schnüffelte er für einen seiner Kunden herum. Aber bald schon war das Eis gebrochen, wenn zwei Typen von gleichem Schrot und Korn sich begegnen. „Es hat gefunkt", hätte ein Außenstehender gesagt. Åkerberg ist Gourmettitan, Arbeitspferd, Frohnatur, Erfinder und ein wunderbarer Kumpel und das alles in ein und derselben bemützten Person. Selbstverständlich ist er auch Mitverfasser dieses Buches.

Was wir anfangs nicht vorausgesehen hatten, waren die magischen Begegnungen mit all den glücklichen, neugierigen Leuten, die uns alles Mögliche fragten: Wie packt man das an, wie werden die ganzen Sachen zubereitet, wo kauft ihr das Fleisch, welche BBQ-Restaurants sollte man besuchen, wenn man über den großen Teich nach Westen fährt? Wie hat das Ganze begonnen und wohin soll es führen?

Das sind Fragen, die wir versuchen, in diesem Buch zu beantworten. Die einfachste Formel für BBQ lautet: Holz, Feuer, Fleisch und Zeit. Ich hoffe, dass Sie Letztgenanntes verinnerlichen und es Ihnen gelingt, sich während eines langen inspirierenden Augenblicks auf unsere Welt einzulassen. Ja, und nicht vergessen: kein Rauch ohne Fleisch.

// Johan Fritzell

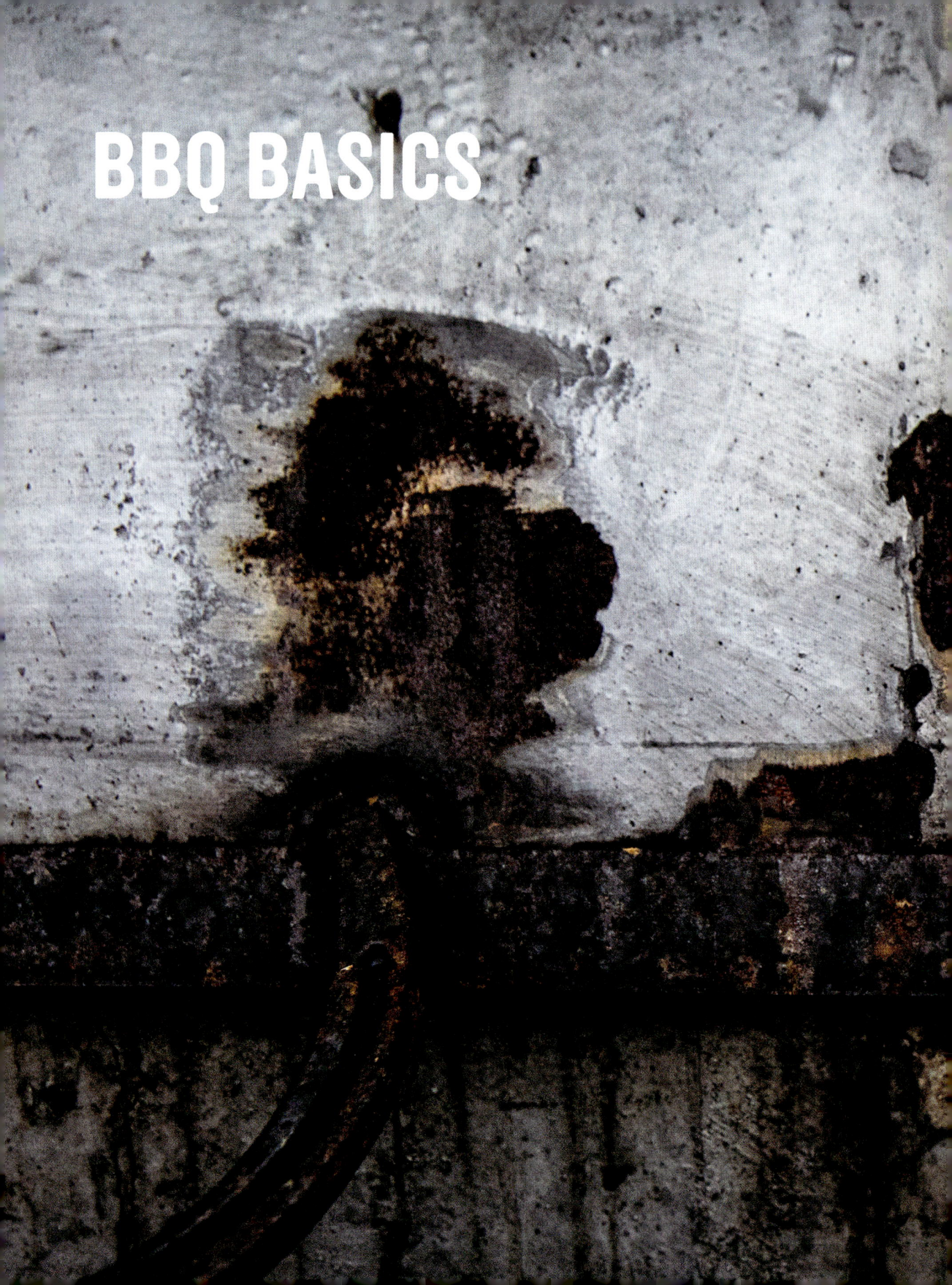

BBQ BASICS

WAHL DES SMOKERS

Zunächst einmal: Herzlichen Glückwunsch und viel Glück mit dieser leckeren Zubereitungsart, die noch dazu richtig großen Spaß macht. Jetzt liegen viele Stunden, Möglichkeiten und Herausforderungen vor Ihnen, denn Smoken ist ein wirklich tolles Hobby, bei dem sowohl die Hände als auch die Zähne etwas zu tun bekommen. In der Theorie werden nur Holz, Feuer, Fleisch und Zeit gebraucht – aber in der Praxis ist für einen Erfolg auch großes Engagement erforderlich. Wenn Sie richtig in Gang gekommen sind, können Sie sich zurücklehnen und das zahlreiche Lob und das leckere Essen genießen.

Wer uns schon einmal bei Holy Smoke besucht hat, weiß, dass wir mit vielen verschiedenen Smokern arbeiten. Man könnte es auch leicht ironisch als Spieleparadies für Genießer bezeichnen – aber wir lieben ganz einfach Feuer! Alle, die hier waren, riechen ein wenig nach Rauch, wenn sie wieder gehen. Wir betreiben ständig „Forschung & Entwicklung", d. h. bei unseren Reisen in die USA und in andere Teile der Welt finden wir immer neue Ausrüstungen, die wir mit zurück nach Bräcke nehmen. Bei unseren Reisen hatten wir auch die Möglichkeit, verschiedene BBQ-Restaurants zu besuchen, deren Eigentümer und Pitmaster kennenzulernen und zu erfahren, welcher Smoker wozu wirklich am besten passt. Und natürlich haben wir auch unheimlich viel gelernt.

Eines der fantastischen Dinge in der BBQ-Welt ist, dass alle (jedenfalls alle, die wir getroffen haben) Besucher mit offenen Armen empfangen werden und gerne bereit sind, über ihre Arbeit zu sprechen, womit sie Feuer machen und welche Art von Rauch, Grillgut und Rubs sie verwenden. Man hat in dieser Szene eine offene Einstellung, diskutiert miteinander und lernt voneinander, aber letztendlich ist es schwierig, den Ansatz anderer zu „kopieren". Jedes Restaurant hat seinen eigenen Geschmack und sein eigenes Lebensgefühl. Auch wir möchten anderen helfen, diese schöne Tradition weiterzuführen und versuchen daher, auf alle Fragen so gut wie möglich zu antworten.

Im Laufe der Jahre haben wir immer besser gelernt, wie die verschiedenen Smoker funktionieren. Deshalb bereiten wir die einzelnen Fleischsorten mit verschiedenen Raucharten zu, um das bestmögliche Ergebnis zu erzielen. So haben wir beispielsweise herausgefunden, dass Brisket am besten aus einem Offset Smoker schmeckt, Short Ribs und St Louis Cut Ribs gelingen am besten in einem Watersmoker und ganze oder halbe Hähnchen werden am leckersten in unseren Kamado-Grills. Und dann haben wir auch noch den Whole Hog Smoker, in dem wir ganze Tiere, zum Beispiel Schweine von 50–80 kg, smoken. Natürlich kann man das meiste auch mit ein und demselben Smoker zubereiten, aber wenn man in dieser Branche nicht nur an der Oberfläche kratzen will, gibt es viele verschiedene Ausrüstungen, die man finden/kaufen/bauen kann. Zum Glück wohnen wir in Bräcke, wo wir jede Menge Platz haben. Die Chancen stehen also recht gut, dass wir beim nächsten Mal, wenn Sie uns besuchen, schon wieder ein neues Spielzeug haben. An dieser Stelle möchten wir Familie Hernström, unseren Vermietern, für alles danken.

Die Wahl des Smokers kann etwas kompliziert sein, aber es ist auch anregend und interessant,

sich intensiver mit dieser Frage zu beschäftigen. Die Wahl, die Sie treffen, wird definitiv das Endergebnis beeinflussen. Man kann eine Rohware auf sehr verschiedene Art und Weise smoken. Die Wahl von Temperatur, Feuchtigkeit, Würzung – das alles wird das Endergebnis beeinflussen. Wir bei Holy Smoke lehnen uns an das Texas-BBQ an, dem wir jedoch auch einen ganz eigenen Touch verleihen. Das meiste, was wir smoken und servieren, wird im Texas-Style zubereitet, der auch in diesem Buch hauptsächlich beschrieben wird. Es ist aber auch völlig in Ordnung, andere Zubereitungsarten als den traditionellen Texas-Stil auszuprobieren. Frisch gewagt ist halb gewonnen.

DER LUFTSTROM

Der Luftstrom im Smoker ist eine grundlegende Voraussetzung für dessen Funktionieren. Wenn Sie den Luftstrom nicht steuern können, werden Sie immer Probleme haben, denn durch den Luftstrom wird das Feuer und letztendlich der Rauch gesteuert. Der Luftstrom muss während des gesamten Räuchervorgangs an das jeweilige Verbrennungsstadium von Holz, Kohle oder Briketts angepasst werden. Er ist während der Zubereitung das Gas- und Bremspedal in Bezug auf die Rauchmenge und die Temperatur und wird durch verschiedene Ventile und Luken gesteuert.

Die Luft wird aus einer Richtung angesaugt und strömt durch den Smoker. Innerhalb des Smokers kann der Luftstrom durch Gänge, Kanäle und Wände gesteuert werden, durch die der Rauch entweder hin und her prallt oder direkt hindurchströmt. Die Luft wird im Verhältnis zur Brennkammer erwärmt und erzeugt die gewünschte Temperatur im Smoker. Der bei der Verbrennung entstehende Rauch wird dann in kontrollierter Art und Weise abgeleitet, um so viel Geschmack wie möglich an das Grillgut abzugeben.

Wir schlagen vor, den Smoker einige Male zum Test anzufeuern, um die Steuerung des Luftstroms zu lernen. Die Funktionsweise während eines 1- bis 2-stündigen Testlaufs ist dieselbe, wie bei einem richtigen 10- bis 12-stündigen Smoken. Der einzige Unterschied besteht darin, dass bei einem längeren Vorgang mehr Holz verbraucht wird.

WATER COOKER

Ein Water Cooker hat viele Vorteile. Vor allem erzeugt das Wasserbad innerhalb des Smokers Kondenswasser im Rauch und schützt das Grillgut vor direktem Feuer. Das trägt auch dazu bei, dass bei der Zubereitung von Grillgut mit einer längeren Garzeit eine gleichmäßigere Temperatur gehalten werden kann. Außerdem muss das Fleisch nicht so oft mit Essig besprüht werden wie bei anderen Smokern ohne Kondenswasser.

In einem Water Cooker kann man eine etwas höhere Temperatur halten als in anderen Smokern, da das Kondenswasser im Rauch dafür sorgt, dass das Grillgut nicht so schnell austrocknet. Die Zubereitungstemperatur kann bei ca. 80–160 °C liegen. Um die Höchsttemperatur zu erreichen, muss man jedoch stark anfeuern und die Luftklappen voll öffnen. Das Wasserbad oberhalb der Brennkammer erzeugt bereits bei 50–60 °C Kondenswasser. Allerdings wird das Grillgut bei zu niedriger Temperatur eher gedämpft als geräuchert.

Wir verwenden immer Eichenholz, da Art, Menge und Größe des Feuerholzes sowie der Luftstrom die Temperatur beeinflussen. Das Wasserbad über der Brennkammer trägt dazu bei, dass sich die Temperatur nicht zu schnell erhöht. Gesteuert wird die Temperatur durch die Regulierung des Luftstroms unten mithilfe der Luftklappe sowie oben am Kamin. Ein Trick für eine gleichmäßigere Temperatur ist eine Zusatzfeuerung mit Kohle und Holz.

UNSERE WATER COOKER

Unsere Besucher sehen im Holy Smoke zu allererst unseren Water Cooker. Da juckt es ihnen in den Händen und sie wollen am liebsten gleich mit dem Anfeuern beginnen. Zu Anfang haben wir jedoch kleinere klassische Bullet Smoker verwendet und dann immer wieder probiert, wie man auch bei uns ein richtig gutes Texas-BBQ zubereiten kann. Nach einer Weile haben wir uns etwas größere Varianten mit der Bezeichnung H2O Water Cooker zugelegt, die dann immer größer wurden. Der größte fasst rund 500 kg Fleisch und hat eine Rotisseriefunktion, durch die die Luft und das Grillgut im Smoker „zirkulieren". Wir feuern mit Eichenholz, und wer schon einmal in den Smoker hineingeschaut hat weiß, dass sich darin ein großes Wasserbad mit einem Fassungsvermögen von etwa 100 l befindet.

ALTERNATIVEN ZU DEN WATER COOKERS

Wenn Sie keinen Zugang zu einem Water Cooker haben, können Sie als Alternative beispielsweise einen Webers Bullet Smoker oder auch einen handelsüblichen Kettle- oder Kamado-Grill mit Deckel und einem Eimer Wasser für das Kondenswasser verwenden. Kugelgrills werden mit Kohle oder Briketts befeuert, in die man Holzstücke legt, um eine gute Rauchigkeit zu erhalten, in Kamados verwendet man nur Holzkohle und Räucherholz. Denken Sie daran, in Kettle- und Kamado-Grills indirekte Wärme zu verwenden, damit das Grillgut nicht verbrennt. Einige Grills und Smoker verfügen über sogenannte Konvektionsplatten, die oberhalb der Brennkammer angebracht werden, um das Grillgut zu schützen. Dann braucht man sich nur noch auf die Temperatur zu konzentrieren.

EMPFOHLENES GRILLGUT
· Brisket
· Short Ribs
· St Louis Cut Ribs
· Schweineschulter
· Geflügel
· Sonstiges, etwas größeres Grillgut mit einer längeren Garzeit

GRAVITY FEED SMOKER

Ein Gravity Feed ist ein Vertikalsmoker. Das bedeutet, dass das Grillgut in eine Kammer gelegt wird (wie in einen Kühlschrank mit Fächern) und die Kohle oder die Briketts in eine andere Kammer, unter der dann das Feuer entzündet wird. Die Briketts gelangen dann durch die Schwerkraft nach unten, sodass die Brennkammer jederzeit ausreichend Brennstoff hat. Die Briketts mischen wir mit Holzstücken, um so viel Rauch zu erzeugen, wie wir für ein gutes und gleichmäßiges Ergebnis benötigen.

Diese Art von Smoker ist sehr vielseitig. Einer der Vorteile ist, dass darin leicht eine gleichmäßige Temperatur gehalten werden kann, sowohl im hohen als auch im niedrigen Bereich. Für den, der sein Brisket nicht ständig bewachen möchte, gibt es einige Hilfsmittel. Mit einem Gebläse an der Brennkammer, das über einen kleinen Computer an einen Temperatursensor im Smoker und im Grillgut angeschlossen ist, kann man die Gradzahl eingeben und die Temperatur im Smoker regulieren. Dann braucht man nur noch dafür zu sorgen, dass sich immer Brennstoff in der Brennkammer befindet. Solche Gebläse sind beispielsweise BBQ-Guru und Flameboss.

Der Luftzustrom befindet sich unten an der Brennkammer und wird mit einem Hahn und in der Regel einem Gebläse reguliert. Auf dem Oberteil der zweiten Kammer kann der Strom der entweichenden Luft reguliert werden. Zur Erzeugung von Kondenswasser kann man einen Metallbehälter mit Wasser unten in den Smoker stellen.

Oben: BBQ-Profi Aaron Franklin sitzt neben einem Offset Smoker.
Unten: Der Koch Tommy Myllymäki bedient ein Big Green Egg, einen großen,
eiförmigen Keramikgrill.

UNSERE GRAVITY FEED SMOKER

Bei Holy Smoke haben wir zwei Gravity Feed Smoker, die wir meist für kleinere Mengen verwenden und wenn wir mit verschiedenen Rohwaren experimentieren. Darin räuchern wir auch unsere Wurst bei 60–70 °C und erzielen dabei ein gleichmäßiges und gutes Ergebnis. Ein Freund von uns, der eine Variante dieses Smokers gebaut hat, sagt immer, darin könne man nach der Devise räuchern: „Set it and forget it".

PELLET-SMOKER

Es gibt auch einige Pellet-Smoker, wie beispielsweise den Bradley Smoker, die eine gleichmäßige Temperatur von Rauch und Grillgut gewährleisten können. Diese haben auch eine effektive Lösung für die automatische Zufuhr von neuem Brenngut.

EMPFOHLENES GRILLGUT
• Würste
• Ribs vom Ibérico & St Louis Cut
• Hochrippe
• Fisch
• Meeresfrüchte

OFFSET SMOKER

Ein Offset Smoker besteht aus einer liegenden, zylinderförmigen Tonne mit einer separaten Brennkammer am Boden der einen Kurzseite. Die Tonne hat an der gegenüberliegenden Seite der Brennkammer einen Kamin. Es gibt verschiedene Methoden, um den Rauch in den Smoker zu leiten: Man kann den Rauch im Smoker vor- und zurückfließen lassen (reverse flow). Wir arbeiten mit einem guten Luftstrom von der Brennkammer zur anderen Seite des Smokers und zum Abluftventil am Kamin, der mithilfe der Luke an der Brennkammer und des Ventils im Kamin reguliert wird.

Die Handhabung eines Offset Smokers ist nicht so leicht, wie man vielleicht denkt, denn er muss laufend überwacht werden. Je größer er ist, desto besser und einfacher gelingt die Aufrechterhaltung der Temperatur. Man kann ihn in verschiedenen Temperaturbereichen verwenden. Wir halten uns in der Regel im Bereich von 120–140 °C, um die bestmöglichen Ergebnisse bei den von uns damit zubereiteten Fleischstücken zu erreichen.

Wir befeuern unseren Offset Smoker mit Holz und versuchen, die Temperatur mit verschiedenen Holzgrößen zu regulieren. Auch im Offset Smoker arbeiten wir mit einheimischer Eiche, hoffen aber, zukünftig auch andere Holzarten wie Mesquite und Hickory verwenden zu können.

Trockene Wärme bringt im Offset Smoker gute Ergebnisse, aber wenn wir etwas Kondenswasser haben wollen, stellen wir einen Metallbehälter mit Wasser in den Smoker, meistens in die Nähe der Brennkammer. Auch in diesem Smoker besprühen wir das Grillgut während des Räuchervorgangs mit Essigspray.

UNSERE OFFSET SMOKER

Offset Smoker sind für uns bei Holy Smoke noch recht neu. Während einer unserer Reisen in die USA haben wir Aaron Franklin, einen der bekanntesten Akteure der BBQ-Branche, getroffen. Und schon bald waren wir Eigentümer eines 7 Meter langen Offset Smokers in Spezialanfertigung. Dazu gehört ein Spezialanhänger, sodass wir ihn oft auf Festivals und Veranstaltungen einsetzen. Es hat einige Tage gedauert, bis wir von Aaron Franklin und Braun Hughes die richtige Handhabung dieses Smokers gelernt haben. Es stimmt, es braucht Zeit und man muss ständig aufpassen und sehr sorgfältig mit der Feuerung sein, aber das Ergebnis, beispielsweise für Brisket, ist fantastisch.

DER BAU EINES OFFSET SMOKERS

Handwerklich begabte Griller können sich einen eigenen Offset Smoker bauen. Im Internet gibt es dafür zahlreiche Beschreibungen. Man sollte jedoch unbedingt darauf achten, dass das Metall nicht zu dünn ist, da es ansonsten schwierig wird, die Temperatur im Smoker zu halten.

EMPFOHLENES GRILLGUT

Größeres Grillgut, das eine längere Räucherzeit erfordert:

· Rinderbrust
· Schweineschulter
· Short Ribs
· großes ganzes Wurzelgemüse, beispielsweise Knollensellerie, Steckrübe oder Weißkohl

WHOLE HOG SMOKER UND FIRE BARREL

Der normale stationäre Whole Hog Smoker ist in der Regel ein gemauertes Rechteck, das mit einem Deckel abgedeckt wird. Darin räuchert man ganze ausgenommene Spanferkel über 12–16 Stunden lang. Dieser Smoker wird manchmal auch als Cinder Block Pit bezeichnet und macht von seiner Konstruktion her vielleicht einen recht einfachen Eindruck, ist aber sehr praktisch und effektiv. Einfach gesagt handelt es sich um eine große, gemauerte Räucherkammer, auf deren Boden man glühende Kohle legt. Diese befindet sich dann unter den Schinken und Schultern des Spanferkels, das auf einem auf zwei Dritteln der Wandhöhe positionierten Gitter liegt. Das Ganze wird mit einem Deckel, in der Regel einer Sperrholzplatte, abgedeckt, um den Rauch in der Kammer zu halten. Es gibt allerdings auch Varianten aus Blech mit Luken, in die die Kohle hineingeworfen wird und bei denen der Luftstrom geregelt werden kann, entweder mithilfe von Ventilen oder mit der Luke selbst. Der Luft strömt durch kleine, oben angebrachte Kamine aus.

In dieser Art von Smokern sollte eine Temperatur von 110–130 °C angestrebt werden. Der Garprozess dauert sehr lange, aber um das ganze Spanferkel zuzubereiten, braucht man einfach Geduld. Soll das Spanferkel eine knusprige Schwarte bekommen, gibt man zum Schluss frische Kohlen hinein. Dabei muss die Schwarte beobachtet werden, damit sie nicht verbrennt, sondern locker und knusprig wird.

Wir stellen keinen Wasserbehälter in unseren Whole Hog Smoker, man kann Feuchtigkeit nach der Methode Mop and Baste zuführen. Dabei bereitet man eine Flüssigkeit mit Kräutern zu und bestreicht das Spanferkel während des Smokens damit. Das sollte zum Ende des Räuchervorgangs erfolgen, um den Geschmack zu intensivieren.

Dieser Smoker funktioniert am besten mit selbst hergestellter Holzkohle aus Eichenholz. Wie man einen eigenen Kohlenmeiler, einen sogenannten Fire Barrel, herstellt, haben wir von Rodney Scott von Scott's BBQ in South Carolina gelernt. Dies ist eigentlich recht einfach, denn alles, was benötigt wird, sind ein Ölfass und einige Elektrowerkzeuge. Man stellt ganz einfach einen Kamin her, in dem man Holz verbrennt und aus dem die glühende Kohle unten herausfällt.

UNSER WHOLE HOG SMOKER

Einen Whole Hog Smoker haben wir das erste Mal live in South Carolina im Skylight Inn BBQ gesehen. Dort haben sie acht Stück davon auf einem Trailer, mit dem sie auf verschiedene Veranstaltungen fahren. In South und North Carolina wird im Ganzen geräuchertes Spanferkel als Chopped Hog serviert, was genau das ist, wonach es sich anhört. Man nimmt verschiedene Teile des Schweins und hackt das Fleisch mit zwei großen Fleischerbeilen in kleine Stücke. Etwas zerkleinerte Schwarte verleiht dem Essen eine knusprige Konsistenz. Das gehackte Schweinefleisch wird mit einer Essigsauce mit Chili, säuerlichem Coleslaw und dem härtesten Maisbrot der Welt serviert. Unser eigenes Modell ist aus Blech gefertigt und hat Räder, sodass wir es auf manchen Veranstaltungen mitnehmen können.

EIN FIRE BARREL MARKE EIGENBAU

Den Deckel eines Ölfasses abschneiden und als lebensgefährliche Frisbee-Scheibe wegwerfen. Unten ein Rechteck mit den ungefähren Maßen 30 × 50 cm ausschneiden. Dort wird dann die Kohle herausgeholt. Oberhalb dieser unteren Öffnung Löcher bohren und Rundstähle befestigen, auf denen das zu verbrennende Holz liegt und nicht zu Boden fällt. Dann braucht man nur noch Holz zu verbrennen. Möglichst viel Holz hineingeben, damit ein richtig großes Feuer entsteht. Nach einer Weile fällt Holzkohle aus der Öffnung und kann für den Whole Hog Smoker verwendet werden, indem man sie herausschaufelt und in den Smoker gibt. Nicht vergessen, ständig neues Holz in das Fire Barrel zu geben, damit man immer Holzkohle zum Smoken im Smoker hat.

WHOLE HOG SMOKER MARKE EIGENBAU

Die Größe der Räucherkammer sollte an die Größe der Spanferkel angepasst sein, die man zu verwenden gedenkt. Das beste Ergebnis wird mit Ziegelsteinen erzielt. Diese müssen nicht fest gemauert werden, wenn man das Ganze nur einmal ausprobieren möchte. Die Kammer sollte auf Kies oder mit irgendeiner Form von Blechboden aufgebaut werden, um den Rasen nicht zu zerstören.

EMPFOHLENES GRILLGUT
- Ganzes Spanferkel
- Ganzes Lamm
- Ganze ausgenommene Hähnchen oder anderes Geflügel
- Vorder- oder Hinterteil vom Rind

KAMADO – KERAMIKGRILLS

Keramikgrills werden als auch als Kamados bezeichnet. Ein Keramikgrill ist sehr gut isoliert, was die Temperatursteuerung und die gleichmäßige Befeuerung erleichtert. Diese Grills sind nicht nur hochwertig, sondern bringen bei kleineren Mengen auch hervorragende Ergebnisse. Wenn wir zu Hause grillen, nehmen wir dafür oft einen Kamado.

Für die Keramikgrills verwenden wir höherwertige Holzkohle und legen noch Stücke von Eichenholz mit hinein, um mehr Rauch zu erzeugen.

Briketts werden nicht verwendet. Wenn wir nur kürzere Zeit, aber mit mehr Rauch smoken wollen, arbeiten wir manchmal mit feuchten Spänen. Ein Keramikgrill glüht langsam und hält die Wärme effektiv, sodass man nicht so oft nachlegen oder die Brennkammer kontrollieren muss.

Die Temperatur wird durch die Luftzufuhr unten im Kamado sowie auf der Oberseite gesteuert, so dass man einen gleichmäßigen Luftstrom erhält. Wenn man die Luftklappen unten und oben relativ weit öffnet, gibt es einen hohen Durchzug, wodurch die Temperatur schnell steigt. Durch Schließen des unteren Ventils wird die Luftzufuhr zum Feuer/zur Glut verringert und die Temperatur sinkt. Je nach Grillgut können Temperaturen von 50–60 °C bis zu 300–400 °C erreicht werden. Man sollte jedoch auf keinen Fall beide Luftklappen unten und oben ganz öffnen und dann den Grill eine Weile vergessen, so wie uns das passiert ist. Dabei stieg die Temperatur auf 700 °C, sodass Deckel und Unterteil miteinander „verklebten" und wir den Grill nicht mehr öffnen konnten. Nachdem der Grill abgekühlt war, ließ er sich jedoch wieder öffnen und auch erneut verwenden.
Bei einem Keramikgrill gibt es einige Dinge, die Probleme bereiten können. Zum Smoken von Grillgut muss man beispielsweise zum Schutz vor der direkten Wärme oft eine keramische Platte zwischen Brennkammer und Grillgut legen. Auf diese Platte kann man dann auch ein Blech mit Flüssigkeit stellen, um während des Smokens Kondenswasser zu erzeugen.

UNSERE KERAMIKGRILLS

Wir bei Holy Smoke verwenden Keramikgrills für Grillgut, das nicht so viel Zeit zum Smoken benötigt. Das wird darin leckerer und besser gegart als in einem normalen Smoker. In diesen Grills haben wir viele Weekend Specials zubereitet, von denen Sie einige im Rezeptteil finden. Unser Freund Matt Pittman in Dallas arbeitet mit einer der großen Marken dieser Art von Grills. Er hat uns beigebracht, wie man mit Keramikgrills effektiver arbeitet und gezeigt, dass man damit bei sehr niedriger Temperatur smoken, aber auch sehr hohe Temperaturen erreichen kann, sodass beispielsweise Pizza in wenigen Minuten gebacken ist.

EMPFOHLENES GRILLGUT:

- Schweineschulter
- Rinderbrust
- Short Ribs
- Hähnchen
- Fisch
- Meeresfrüchte

WATERSMOKER

Ein Watersmoker, oft auch Bullet Smoker genannt, ist der nächste Schritt nach dem Kugelgrill und für viele der Einstieg in die BBQ-Welt. So war es auch für uns. Durch die Magie, die sich in dieser schwarzen Blechdose entfaltet, haben wir unsere Leidenschaft für das BBQ entdeckt. Wir können uns noch heute genau daran erinnern, wie wir mit großer Spannung auf die Fertigstellung unserer ersten Schweineschulter gewartet haben.

Der Watersmoker ist ein wirklich gutes Produkt. Er ist preiswert, hat eine einfache Temperatursteuerung und läuft über längere Zeit allein, d. h. man muss nicht die ganze Nacht aufbleiben, um sein Brisket zu bewachen. Außerdem hat er in der Regel eine recht gute Kapazität. Da er mit Briketts befeuert wird, ist es einfach, mit verschiedenen Holzstücken zu arbeiten, um den gewünschten Rauchgeschmack zu erreichen. Wenn Sie also mit dem Smoken beginnen wollen, aber dafür noch keine Hypothek auf Ihr Haus aufnehmen wollen, ist dies genau das Richtige.

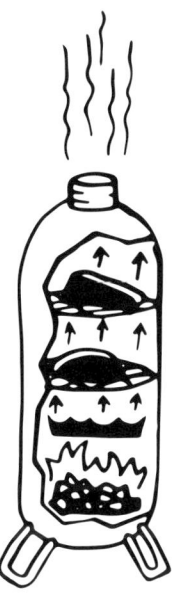

KUGELGRILL

Wir bei Holy Smoke verwenden sie nicht, aber als Einstieg in die Welt des Smokens kann man natürlich auch mit einem größeren Kugelgrill beginnen. Das Prinzip ist dasselbe wie bei den keramischen Grills, aber da die Kugelgrills schlechter isoliert sind, muss man sich stärker auf die Temperatursteuerung und den Brennvorgang konzentrieren. Das Wichtigste ist, den Deckel geschlossen zu halten und ihn nicht ständig zu öffnen, um zu schauen, wie das Essen aussieht. Denken Sie daran, das Grillgut vor direkter Wärme zu schützen. Legen Sie dazu einfach die Kohle auf die eine Seite des Grills und stellen Sie auf die andere einen Behälter mit Wasser. Auf dem Grill legen Sie dann das Fleisch auf die von der Kohle abgewandte Seite. Die Temperatur wird durch die Menge an Holzkohle reguliert. Der nächste Schritt nach dem Kugelgrill ist die sogenannte Räuchertonne. Diese gibt es von verschiedenen Herstellern und kostet etwa 300–600 €.

HOLZ, FEUER & RAUCH

Die Verwendung von Holz als Brennmaterial hat den Vorteil, dass man wesentlich mehr Geschmacksrichtungen erhält, als wenn man mit Briketts, Kohle, Gas oder Strom räuchert.

Einige Pitmaster, die täglich aktiv mit Smokern arbeiten, meinen, dass der Rauchgeschmack mehr vom Klima und vom Boden, auf dem das Holz gewachsen ist, beeinflusst wird als von der verwendeten Holzart selbst. Einiges spricht dafür. Wenn Sie unsicher sind, für welches Holz Sie sich entscheiden sollen, dann nehmen Sie am besten die Sorte, die Sie mögen, und entwickeln Ihre Technik weiter, statt ständig die Sorte zu wechseln in der Hoffnung, ein besseres Resultat zu erhalten.

Das meiste BBQ-Holz stammt von Laub- und Obstbäumen. Man meidet Nadelhölzer wie Fichte und Tanne. Diese enthalten diverse Stoffe, aus denen schädliche Gase entstehen. Das Brennholz muss trocknen, bevor es im Smoker verfeuert wird.

Einige Pitmaster werfen ganze Holzklötze in ihre BBQ-Pits. Dazu braucht es einen richtigen Pit und einen sachkundigen Pitmaster. Wenn man das falsch macht, kann das Fleisch leicht in Mitleidenschaft gezogen werden. Will man größere Stücke Holz verwenden, ist es besser, ein Fire Barrel (siehe Seite 29) zu bauen und sich erst einmal eigene Holzkohle herzustellen und diese dann in den Smoker zu werfen. Räuchert man mit großen Klötzen, muss man auch mit einer höheren

Temperatur smoken, vielleicht 140–150 °C statt 110–120 °C, denn das Feuer muss so heiß sein, damit reiner Rauch entsteht.

FEUCHTE IM HOLZ

Beim Zubereitungsprozess muss das Holz Rauch und Wärme abgeben und deshalb ist es wichtig, dass es ausreichend trocken ist. Ist das Holz frisch gefällt und konnte noch nicht trocken werden, brennt es nicht gut, sondern qualmt nur und erzeugt eine Form von Kondensrauch. Frisch geschlagenes Laubholz enthält ziemlich viel Wasser, bis zur Hälfte des Gewichts, und beim Verbrennen entsteht oft ein Beigeschmack. Auch sollte man nicht vergessen, dass das Verfeuern von feuchtem Holz bis zu 45 % mehr Energie benötigt als beim Verfeuern von trockenem Holz gebraucht wird. Aber manchmal kann frisches Holz besser passen als trockenes – wenn man nämlich sehr viel Kondensation haben und gleichzeitig die Temperatur im Smoker etwas niedriger halten möchte. Der Geschmack wird ein anderer, kann aber zu bestimmtem Grillgut passen.

Getrocknetes Holz von Laubbäumen ist selten völlig trocken, ca. 5 % Wasser verbleiben darin.

Die restliche Holzmasse besteht aus ca. 40 % Cellulose, 40 % Hemicellulose, 19 % Lignin und 1 % Mineralien, wobei das abhängig von Holzsorte, Unterart, Alter, Bodenbeschaffenheit und Klima variieren kann.

Luftgetrocknetes Holz ist etwas feuchter als ofengetrocknetes, d. h. mehr Wasser und mehr Dampf bilden größere und zähere Kondenstropfen. Ofengetrocknetes Holz dagegen tendiert dazu, rauchiger zu schmecken. Verwendet man dieses als Wärmequelle, hat man meist kein Problem, ausreichend Rauch zu bekommen.

Top-Pitmaster in den USA bevorzugen jedoch luftgetrocknetes Holz. Wie das Holz getrocknet ist, spielt keine größere Rolle, wenn man Briketts, Kohle oder Pellets als Wärmequelle verwendet.

Einige Laubbäume haben mehr Rinde als andere und das kann den Geschmack beeinflussen. Die Ansichten darüber, ob man die Rinde dranlassen soll oder nicht, gehen auseinander. Einige meinen, man soll sie entfernen und andere wiederum sind der Meinung, dass Rinde dem Grillgut mehr Farbe verleiht. Rinde enthält mehr Luft und ist weniger hart als das Holz selbst, d. h. sie brennt anders als Holz. Letztendlich bleibt es jedem selbst überlassen zu entscheiden, womit man meint, das beste Ergebnis erzielen zu können.

DIE CHEMIE IM BRENNHOLZ

Holz enthält große Mengen Cellulose und Hemicellulose, die wiederum u. a. aus Kohlenhydraten und Zucker bestehen. Lignin ist eine weitere komplexe Verbindung, die dem Holz Festigkeit gibt, und sich meist in den Zellwänden befindet. Holz enthält auch Sauerstoff, Stickstoff, Kohlenstoff und Wasserstoff sowie Mineralien wie Kalium, Schwefel, Natrium, Chlor und Schwermetalle. Auch wenn es sich um kleine Mengen handelt, können diese Mineralien Aroma und Rauchgeschmack enorm beeinflussen.

Beim Verbrennen wird ungefähr die Hälfte der Masse des Brennholzes in Kohlendioxid und die andere Hälfte in Wasserdampf umgewandelt.

Holz enthält zu einem großen Teil Luft und ist deshalb ein guter Isolator. Man kann beispielsweise ein großes Stück Brennholz in das Feuer legen und brennen lassen, während man das andere Ende festhält und sich dabei nicht verbrennt. Das ist auch der Grund dafür, dass Holz ungleichmäßig verbrennt und es im Holz unterschiedliche Temperaturen gibt.

DIE VIER STUFEN DER VERBRENNUNG

Wenn man weiß, was passiert, während das Holz verbrennt, kann man den Prozess leichter kontrollieren.

STUFE 1
AUSTROCKNUNG (BIS CA. 250–260 °C IM HOLZ)
Wenn das Holz anfängt zu brennen, trocknet es aus und das Wasser verdampft. Gase wie Kohlendioxid entstehen, das Feuer erzeugt jedoch keine größere Wärme.

STUFE 2
VERGASUNG UND PYROLYSE (250–370 °C IM HOLZ)
Jetzt beginnt die Verbrennung. Die Zusammensetzung des Holzes verändert sich und bestimmte brennbare Gase treten zusammen mit verschiedenartigen öligen Flüssigkeiten und Holzteer aus. Die Gase brennen, wenn sich Flammen oder Funken bilden, aber sie entzünden sich nicht selbst.

STUFE 3
„BURNING BUSH" (370–540 °C IM HOLZ)
Nun sieht man dem Holz Flammen und verschiedene Gase entweichen. Eins davon ist Schwefeloxid, das notwendig ist, damit sich der Rauchring im Fleisch bildet. Das Feuer brennt lichterloh und im Smoker bilden sich die besten aromatischen Verbindungen für die Zubereitung von Speisen.

Zu diesen gehören Guajacol (ein Stoff, der unter anderem zur Herstellung von Vanillin benötigt wird) und Syringol, das hauptsächlich für den Geruch verantwortlich ist, den wir Rauch nennen. Einige dieser Gase sind ätherisch und verflüchtigen schnell. Das ist auch der Grund dafür, dass Gegrilltes und Geräuchertes nach dem Aufwärmen nicht mehr so schmeckt wie unmittelbar nach der Zubereitung.

Steigt die Temperatur in der Brennkammer über 540 °C an, entsteht ein säuerlicher, bitterer Geschmack und zudem können sich diverse gefährliche Stoffe im Rauch bilden. Deshalb gilt es, dies zu vermeiden.

STUFE 4
BILDUNG VON HOLZKOHLE (ÜBER 540 °C IM HOLZ)
Die meisten der organischen Verbindungen im Holz sind nun verbrannt und zurück bleibt reine Kohle, die mit wenig Rauch schwelt.

WAHL DER HOLZART

Die Holzart, für die man sich letztlich beim Smoken entscheidet, wirkt sich auf den Geschmack des Produktes aus, deshalb bleibt es jedem selbst überlassen, den passenden Räuchergeschmack zu finden. Wir empfehlen, sich für eine Holzsorte zu entscheiden und diese eine Zeitlang beizubehalten. Dabei findet man heraus, wie die Sorte brennt, schmeckt und im Smoker funktioniert. Dann können Sie experimentieren mit der Qualität des Räucher- oder Grillguts, bei der Wahl der Rubs, wie man die Temperatur über längere Zeit hält und welche Kerntemperatur das Räuchergut dabei hat. Und natürlich produzieren Sie beim Experimentieren auch jede Menge leckerer BBQ-Gerichte.

Laubbäume haben kompakte Zellstrukturen, brennen langsam und bei niedriger Temperatur. Sie sind Nadelbäumen stets vorzuziehen. In Schweden nehmen wir traditionell Wacholder beim Smoken und das funktioniert auch gut für kurzes Smoken, aber für längeres Smoken sollte man Wacholder und Nadelbäume jeglicher Art vermeiden.

Bei Laubbäumen kann man milde und kräftige Holzarten unterscheiden. Milde Holzarten wie Erle, Apfel, Ahorn, Birke, Pflaume, Birne und Kirsche passen am besten für Räuchergut, das nicht so stark gewürzt ist. Kräftige Holzarten wie Eiche, Hickory, Mesquite, Walnuss und Ahorn harmonieren mit Räuchergut, das ordentlich gewürzt ist und mit scharfen Saucen serviert werden soll.

Bauholz oder alte Bretter, die noch vom Bau der Veranda übrig sind, sollten nicht verfeuert werden, da Chemikalien, Farbreste, Schimmelsporen und sonstiges weder dem Geschmack noch der Gesundheit zuträglich sind.

EIN GUIDE FÜR GUTES RÄUCHERHOLZ
EINHEIMISCHE HOLZARTEN
EICHE

Gibt einen guten und runden Geschmack, der ausgezeichnet zu Rind- und Schweinefleisch, aber auch zu Hühnerfleisch passt. Brennt gleichmäßig und die Wärme ist mit Hilfe unterschiedlich großer Holzscheite leicht zu kontrollieren.

ERLE

Klassisches schwedisches Räucherholz, das den „Bayonne-Schinkengeschmack" produziert. Passt zu Schweinefleisch, Fisch und Hähnchen. Erle brennt durchschnittlich schnell mit hoher Rauchigkeit und muss nicht vollständig trocken sein.

OBSTBÄUME – APFEL, PFLAUME, BIRNE UND KIRSCHE

Leichter Rauch und süßlicher Geschmack, der zu Geflügel, Fisch und Schweinefleisch passt. Das schwache Brennholz brennt ziemlich schnell und raucht besser, wenn es nicht ganz trocken ist.

WACHOLDER

Wacholder ist der Klassiker für kurze Schübe mit scharfem Rauch. Reisig verbrennt schnell und mit hoher Rauchigkeit, größere Zweige etwas langsamer.

BIRKE

Verbrennt schnell und nicht zu warm und macht einen süßen, herrlichen Rauchgeschmack. Die Birkenrinde ist besser zu entfernen, da sie viel rußt. Birke passt zu Schweinefleisch, Wild, Fisch u. v. a.

BUCHE

Verbrennt mittelschnell, gibt gute Hitze und hat einen recht milden Rauchgeschmack, der zu Schweinefleisch, Geflügel und Fisch passt.

AUSLÄNDISCHE HOLZARTEN
HICKORY

Gibt einen kräftigen und rauchigen Geschmack mit leichter Süße. Passt zu Rind-, Schweine- und Hühnerfleisch. Das Holz brennt langsam und bei gleichbleibender Temperatur.

MESQUITE

Hat einen starken Rauchgeschmack, der gut zu Rindfleisch passt. Brennt schnell mit großer Hitze und wird gewöhnlich zum Grillen genommen.

PEKAN

Süßer und milder Geschmack, gut für Geflügel, Fisch und Schweinfleisch. Erinnert beim Verbrennen an Eiche, die Temperatur ist etwas niedriger.

AHORN

Hat einen milden und leichten Rauchgeschmack, der gut zu Geflügel, Schweinefleisch und Wild passt. Auch gut für geräucherten Käse geeignet, wenn man das mal ausprobieren will.

FEUER ANZÜNDEN

Das Feuer im Smoker lässt sich auf verschiedene Arten entzünden.
Wir machen das immer so, dass wir uns zunächst aus dünnen Zweigen
eine kleine „Holzhütte" bauen und diese dann mit größeren Scheiten
abdecken. Wir versuchen, das fächerartig übereinander zu legen und
stochern beim Verbrennen etwas in der Glut herum, um einen guten
Luftstrom im Smoker zu schaffen.
Angezündet wird mit Papier und dünnen Holzstückchen, mit Anzündpads
oder manchmal mit unserem Gasbrenner. Vermeiden Sie Anzündflüssig-
keiten, Paraffin oder Ähnliches, diese hinterlassen einen Beigeschmack.

DAS HOLZ BEI HOLY SMOKE

Wir möchten Holz, das lange und langsam brennt, aber auch einen guten Rauchgeschmack gibt. Das beste Resultat bei Grillgut, das lange im Smoker liegen muss, haben wir mit Eichenholz aus Südschweden erzielt.

In den USA ist Eiche auch sehr beliebt, man sagt, dass es 600 verschiedene Sorten Eichen gibt – am beliebtesten bei den meisten BBQ-Anhängern sind Post Oak und White Oak, die amerikanische Weiß-Eiche. Hier in Schweden begnügen wir uns einfach mit „Eiche".

Unsere Eiche kommt hauptsächlich hier aus der Gegend. Wir haben da einen wunderbaren Mann, er heißt Thord Andersson und seine Firma Häglinge Ved fällt, spaltet und trocknet das Eichenholz, das wir benutzen. Wir kaufen grob gehauene Holzklötze, das sind jeweils ungefähr 24 Kubikmeter mindestens viermal pro Jahr.

HOLZ IN ANDEREN FORMEN
HOLZKOHLE

Kauft man eine hochwertige Kohlensorte, stammt diese oft von einer speziellen Holzart, die auf der Verpackung angegeben wird, normalerweise Hickory und Eiche. Verwendet man diese, braucht man auch keine andere Holzsorte in Stücken oder Spänen hinzufügen, um einen guten Rauchgeschmack zu erhalten, denn der entwickelt sich ganz natürlich. Es lohnt sich, ein paar Euro mehr hinzulegen, denn richtige Qualitätskohle zahlt sich aus.

KOHLEBRIKETTS

Genau wie Kohle gibt es auch Briketts in unterschiedlichen Qualitäten, d. h. man sollte immer schauen, was drin ist. Briketts sind eine Alternative zu Kohle und werden meist aus komprimiertem Kohlenstaub gepresst. Die Verbrennung von Briketts ist leichter zu kontrollieren als die von Kohle, da die Stücke die gleiche Größe und Form haben. Wir verwenden Briketts für unsere Gravity Feed Smoker und mischen Eichenscheite bei, um besseren Geschmack und Rauch zu bekommen.

HOLZSTÜCKCHEN

Holzstückchen lassen sich gut verwenden, wenn man mit Kohle oder Briketts feuert. Sie variieren in der Größe, von Golfball- bis Faustgröße, und sind heutzutage in passgerechter Form leicht erhältlich – alternativ kann man auch größere Stücke Holz nehmen und diese dann selbst auf die passende Größe sägen. Holzstückchen brennen langsamer als Holzhackschnitzel und Chips. Verwendet man Holzstückchen, kann man ein oder zwei am Anfang des Räucherprozesses hineinlegen, und braucht dann den Smoker nicht ständig zu öffnen, um sicherzugehen, dass der Rauchdurchfluss gleichmäßig ist.

HOLZHACKSCHNITZEL UND CHIPS

Diese sind eigentlich nur die kleinere Version der Holzstückchen und es gibt sie mittlerweile überall in Baumärkten zu kaufen. Sie brennen schnell und man merkt gleich, dass man während des Smokens mehrmals nachlegen muss. Holzhackschnitzel und Chips sind gut geeignet für kurzes Smoken, ansonsten sind Holzstückchen besser.

PELLETS

Die Herstellung von Pellets erfolgt, indem man eine aus feuchten Sägespänen bestehende Masse zu langen Stäben presst und diese in zirka 1–2 cm große Stücke schneidet. Zum Smoken verwendete Pellets dürfen keine Bindemittel wie Leime oder Klebstoffe enthalten. Wenn Pellets nass werden, lösen sie sich auf und zerfallen sofort wieder zu Sägespänen.

Einige Smoker haben Pellets als hauptsächlichen Brennstoff, sowohl wegen des Geschmacks als auch wegen der Hitze. Pellets können meist durch eine Zuführschnecke sehr kontrolliert in das Feuer eingeführt werden. Da Pellet-Smoker sich mit Thermostaten regeln lassen, sind sie sehr kontrollierbar. Pellets brennen heiß und geben einen reinen Rauch.

RÄUCHERBRIKETTS

Räucherbriketts sind eine andere Variante komprimierter Sägespäne, die aussehen wie kleine braune Hockeypucks. Auf den Markt gebracht wurden sie vom Hersteller Bradley Smoker, werden aber inzwischen auch von anderen Anbietern produziert.

SPÄNE

Auch Späne lassen sich zum Smoken verwenden, jedoch meist zur schnellen Geschmacksgebung, da sie schnell verbrennen. Oft nimmt man sie beim Kalträuchern.

Eine Möglichkeit der Anwendung ist, dass man eine Schicht Späne in eine Aluschale oder Metallform legt und diese auf die Wärmequelle stellt. Nach kurzer Zeit fangen die Späne darin von unten an zu brennen und geben Rauch ab. Auf diese Weise funktioniert auch der ganz normale Tischräucherofen.

RAUCH

Der Rauch von Holz oder Holzkohle kann während des Verbrennens jede Farbe von bläulich bis weiß, grau, gelb, braun und im schlimmsten Fall sogar schwarz haben. Der am meisten wünschenswerte Rauch für BBQ ist hellblau bis fast unsichtbar. Die blaue Farbe hängt mit der Partikelgröße im Rauch zusammen und wie der Rauch sich ausbreitet und im Licht reflektiert wird. Die blassblauen Rauchpartikel sind die kleinsten, von der Größe her kleiner als ein Mikrometer, das Größenmaß für die Wellenlänge des Lichtes. Auch wenn man den Rauch nicht deutlich sehen kann, bedeutet das nicht, dass es keinen gibt.

Die einfachste Art die richtige Wärme und blauen Rauch zu bekommen, ist mit Holz zu heizen. Dann kommen die einzelnen Schritte von selbst, und guter Rauch entsteht bei der richtigen Temperatur. Diese richtige Temperatur zu halten, macht etwas Mühe, aber es spielt sich ein und der bessere Geschmack ist der Mühe Lohn. Auch der Geruchssinn ist gefragt, denn mitunter ist die Farbe des Rauches zu später Stunde schwer zu erkennen, aber der aus dem Smoker kommende Geruch sollte vom Fleisch und Rub süßlich riechen.

Übung macht den Meister! Den Smoker zuerst ohne Räuchergut so lange befeuern, bis absehbar ist, wann mehr Brennstoff benötigt wird. Lernen Sie, den Luftstrom anzupassen und was zu tun ist, wenn der Rauch nicht mehr gut ist. Beim Anzünden braucht das Feuer eine Menge Sauerstoff und es entsteht dann ein weißer Rauch. Dieser besteht aus größeren Partikeln, einige Mikrometer groß, die sich in alle Richtungen auf allen Wellenlängen des Lichtes ausbreiten.

Wenn das Holz nicht genug Sauerstoff erhält, kommt es dennoch zu Vergasung und Pyrolyse, jedoch nicht zu dem Stadium, das man Burning Bush nennt (siehe Seite 33), d. h. das Feuer entflammt nicht, sondern schwelt nur. Schwelendes Feuer produziert eine Menge Rauch, aber der Geschmack ist nicht derselbe wie bei einer guten Verbrennung. Wenn Feuer nur schwelt, liegt es in der Regel daran, dass der Lufteinzug und der Kamin nicht weit genug geöffnet sind. Die Schaffung einer ausreichenden Luftdurchströmung kann bei Kamados ein Problem sein, da sie so gut isoliert sind und so sehr die Wärme halten, dass man dann oft den Luftstrom drosseln muss, um die Temperatur niedrig zu halten.

Schwarzer und grauer Rauch entsteht, wenn das Feuer nicht genug Sauerstoff hat, mit dem Resultat, dass das Endprodukt bitter und rußig wird, denn zu viel schwarzer Rauch lässt Speisen nach Asche schmecken. Grauer und schwarzer Rauch enthalten Partikel, die ausreichend groß sind, um faktisch das Licht teilweise zu absorbieren. Immer dran denken: Halten Sie Ihren Smoker sauber, denn sonst kann Fett von vorhergehendem Smoken in die Brennkammer oder auf das Räuchergut tropfen und schwarzen Rauch erzeugen. Rauch von Fett ist kein guter Rauch.

DIE CHEMIE DES RAUCHES

Rauch enthält etwa 100 Verbindungen in Form von mikroskopischen Feststoffen, wie Kohle, Kreosot, Asche und Phenole, von Verbrennungsgasen, wie Kohlenmonoxid, Kohlendioxid, Schwefeloxid und Syringol, und außerdem Wasserdampf und Öl.

Syringol trägt zu einem Großteil zu dem Raucharoma bei, das wir so lieben, und Spuren von Guajakol sind größtenteils für den Rauchgeschmack verantwortlich. Wie der Rauch wird, ist abhängig von der Zusammensetzung des Holzes, der Verbrennungstemperatur, der Feuchtigkeit und der Menge des verfügbaren Sauerstoffs.

DAMIT DER RAUCH HAFTEN BLEIBT

Wenn das Feuer brennt, strömt der Rauch aus der Brennkammer des Smokers. Der meiste Rauch geht gleich nach oben durch den Schornstein und kommt mit den Speisen eigentlich nicht in Kontakt. Um jeden Gegenstand im Smoker herum gibt es eine Art umgebender Hülle aus Luft, die man Grenzschicht nennt. Abhängig vom Luftstrom und der Oberflächenrauhigkeit kann diese

ein Fleischstück umgebende, stillstehende Schicht etwa 1–2 mm dick sein. Nähern sich die Rauchpartikel der Fleischoberfläche, folgen sie der Grenzschicht rund um das Stück Fleisch herum, und nur wenigen gelingt es, auf dem Räuchergut zu landen. Mit einem Rub führt man nicht nur Geschmack zu, sondern dieser hilft auch, die Grenzschicht aufzubrechen.

Die meisten der Partikel und Gase, die es dennoch bis zum Fleisch schaffen, bleiben an der Oberfläche. Ein Teil löst sich auf und dringt etwa einen Zentimeter ein, aber nicht so tief, wie man vielleicht denkt.

Gleiches gilt, wenn man Räuchergut würzt oder mariniert. Insbesondere bei Fleisch ist es schwer, in die Zellen einzudringen.

Es heißt oft, dass Fleisch nach einigen Stunden vom Rauch gesättigt ist, aber das stimmt nicht. Wird einem Räuchergut zu viel Rauch zugeführt, kann es bitter werden, genau aus diesem Grund wird es nach einer bestimmten Zeit im Rauch in Papier eingewickelt. Es ist schwer, genau zu sagen, welche Menge Rauch die richtige ist. Wie viel Rauchgeschmack ein Räuchergut erhält, hängt von der Art des Rauches ab sowie von allen anderen Faktoren, wie Holzart, Luftstrom, wie oft der Smoker geöffnet wird, Kondensation, Würzung usw. Selbst das Wetter kann Einfluss darauf haben, wie etwas schmeckt.

DREI TIPPS FÜR BESSEREN RAUCHGESCHMACK

1. Kaltes Grillgut verwenden. Rauch haftet besser an kalten Speisen, als an solchen, die Zimmertemperatur haben.
2. Einen Rub verwenden. Dieser bewirkt, dass der Rauch besser an der Oberfläche haften bleibt und eine gute Kruste bildet, die sogenannte Bark.
3. Das Räuchergut während des Smokens feucht halten. Dies erfolgt durch Einsprühen mit Essigspray (siehe Seite 153) oder einer Mop-Sauce (siehe Seite 152) bzw. die Nutzung von Kondenswasser im Smoker.

ZEIT UND TEMPERATUR

Es kann eine Zeit dauern, bis Sie verstanden haben, wie Ihr Smoker genau funktioniert und reagiert, wie die gewünschte Temperatur während des gesamten Räuchervorgangs konstant gehalten werden kann. Einige arbeiten mit ständig gleicher Temperatur, während andere verschiedene Temperaturen in unterschiedlichen Stadien bevorzugen. Manchmal will man die Temperatur etwas höher halten, damit das Räuchergut ein bisschen mehr Farbe bekommt, und dann soll die Temperatur wieder niedriger sein, damit das Räuchergut nicht zu viel an Flüssigkeit und Volumen verliert.

Richtig niedrige Temperaturen, d. h. unter 100 °C, sind gut für Fisch, Meeresfrüchte und anderes empfindliches Räuchergut, das nicht allzu lange braucht oder wenn man die Maillard-Reaktion (siehe Seite 46) reduzieren möchte. Es ist mitunter schwierig, die richtige Temperatur in den Niedrigphasen zu finden, und zu wissen, wann das Räuchergut Farbe bekommen soll, ist ebenfalls nicht einfach. Ist das Räuchergut ungleichmäßig dick, braucht es eine niedrigere Temperatur, um nicht zu riskieren, dass das flachere Ende übermäßig geräuchert wird.

Über 100 °C braucht es, um die Temperatur im Fleischstück richtig nach oben fahren zu können. Es ist die Temperatur, bei der das Fleischstück wirklich gegart wird und auf der Oberfläche eine schöne Kruste entsteht.

TEMPERATUR, NACHGAREN UND RUHEN LASSEN

Es gibt viele Meinungen darüber, was bezüglich der Formel Zeitdauer versus Temperatur richtig oder falsch ist. Wir bei Holy Smoke arbeiten mit beiden Größen: Die Zeit ist eine Richtlinie dafür, wann bestimmte Schritte durchzuführen sind, und die Temperatur ist entscheidend, um die Qualität sicherzustellen. Die Verwendung guter Thermometer ist eine Voraussetzung, um sowohl die Temperatur des Ofens als auch des Räucherguts zu messen.

Die Temperatur im Smoker nennen wir Innentemperatur im Gegensatz zur Temperatur des Räucherguts, die wir Kerntemperatur nennen. Die Kerntemperatur wird in der Regel im dicksten Teil des Räucherguts gemessen, aber natürlich kann man sie auch an mehreren Stellen messen, um die Temperaturunterschiede zu prüfen.

Mit Endtemperatur meinen wir die Kerntemperatur, die das Räuchergut haben soll, wenn es aus dem Smoker genommen wird. Auch in einem gleichen Fleischstück, z. B. im Brisket, kann die optimale Endtemperatur um ein paar Grade nach oben oder unten variieren, abhängig von Größe, Fettgehalt und sonstiger Beschaffenheit – jedoch beträgt der Unterschied meist nur einige wenige Grade.

Ist die gewünschte Kerntemperatur erreicht, sollte man daran denken, dass das Räuchergut auf der Außenseite wärmer ist als im Kern. Der Grund dafür ist, dass die Außentemperatur im Smoker höher ist als die Kerntemperatur im Räuchergut. Das führt dazu, dass die Temperatur im Räuchergut auch dann noch weiter steigt, wenn es den Smoker verlassen hat. Wichtig ist, dass das Räuchergut zum Senken der Temperatur „ruhen" kann, das nennt man Carryover-Effekt oder Nachgaren. In dieser Ruhezeit kann sich das Fleisch stabilisieren, austretende Flüssigkeiten werden wieder aufgesaugt, was das Endprodukt saftiger und zarter werden lässt. Wird das Räuchergut zu zeitig tranchiert, blutet es viel Flüssigkeit aus und wird dadurch zäher. Je niedriger die Temperatur beim Smoken ist, desto kürzer wird diese Phase.

Wenn wir von Ruhetemperatur sprechen, meinen wir damit die Gradzahl, die die Kerntemperatur des Räucherguts erreichen sollte, bevor es servierbereit ist. Hat das Räuchergut in der Carryover-Phase die gewünschte Kerntemperatur erreicht, lassen wir es oft noch einige Stunden länger im Wärmeschrank oder Wärmefach liegen, damit das Endprodukt noch saftiger wird. Der Wärmeschrank hat dabei die gleiche Temperatur, auf die wir das Räuchergut ziehen lassen, und mitunter ist es kaum zu glauben, was das bei dem Endprodukt bewirkt. Hat man keinen Wärmeschrank zur Verfügung, kann man das Räuchergut stattdessen auch in eine luftdichte und gut isolierte Kühltasche legen. Dabei gilt es zu beachten, nicht zu viele Fleischstücke übereinander zu legen, damit sie nicht platt werden und an Form verlieren.

DER VORGANG DES SMOKENS SCHRITT FÜR SCHRITT

· Smoker prüfen und bei Bedarf reinigen.
· Brennholz in verschiedenen Größen vorbereiten.
· Feuer im Smoker anzünden und auf eine Temperatur bringen, die etwas höher als die gewünschte Gartemperatur ist.
· Räuchergut würzen und zum Durchziehen liegen lassen.
· Prüfen, ob die gewünschte Temperatur im Smoker erreicht ist und die Brennkammer einen guten Luftdurchzug hat.
· Räuchergut in den Smoker legen und fest verschließen.
· Ständig nachlegen und aufpassen, dass die Temperatur nicht zu sehr nach oben oder unten abweicht.
· In den ersten 3–4 Stunden den Smoker nicht öffnen.
· Öffnen und die Kruste anschauen, bei Bedarf Temperatur etwas erhöhen und weitere 1–2 Stunden smoken.
· Ist die Kruste gut, über 2 Stunden lang alle halbe Stunde mit Essigspray einsprühen.
· Nach 6–7 Stunden das Räuchergut gegebenenfalls in Papier wickeln, wieder in den Smoker legen und weiter smoken, bis die gewünschte Kerntemperatur erreicht ist.
· Räuchergut rausnehmen und zum Abkühlen auf ca. 70 °C ruhen lassen, danach 2–4 Stunden in einen Wärmeschrank legen.

FLEISCH

Damit das Fleisch und die Würzung gut gelingen, gibt es eine Reihe von Methoden und Tricks. Wir haben sie fast alle getestet und finden die folgenden besonders erfolgversprechend. Aber schrecken Sie nicht davor zurück, selbst zu experimentieren.

WÜRZEN UND MARINIEREN

Im Laufe der Jahre haben wir mit vielen verschiedenen Rub-Mischungen und Gewürzen gearbeitet. Einige davon verwenden wir nach wie vor (siehe Seite 150–151). Im Laufe der Zeit haben wir jedoch die Menge der verwendeten Gewürze reduziert, denn nun lassen wir den Rauchgeschmack die Hauptrolle im Endprodukt einnehmen. Wir verwenden einen Basic-Rub für jede Fleischart, wobei dieser auch die Aufgabe hat, den Rauchgeschmack am Fleisch zu halten.

Manchmal möchte man einen zusätzlichen „Kick" im Räuchergut haben und da kann eine Glaze Wunder wirken. Diese kann einen zusätzlichen Geschmack bieten. Außerdem wird das Räuchergut dadurch etwas klebrig, was es zusätzlich attraktiv machen kann. Oft enthält eine Glaze recht viel Zucker, der eine glänzende Oberfläche und eine schöne Karamellisieren bewirkt.

Da der Zucker leicht verbrennt, bestreichen wir das Räuchergut erst in der Endphase des Smokens mit der Glaze.

Wir arbeiten nicht besonders viel mit Marinieren oder Pökeln. Dies sind Techniken, die wir vor allem bei Geflügel und Bacon einsetzen. Wenn man genügend Zeit hat, kann dies durchaus eine Möglichkeit bieten, mehr Geschmack und eine festere Konsistenz in das Räuchergut zu bekommen. Einige meinen, dass das Marinieren das Räuchergut zarter macht. Vielleicht stimmt das für andere Zubereitungsarten, aber für uns ist die Zartheit ausschließlich eine Frage von Temperatur, Zeit und Fettgehalt des Fleisches.

Eine Methode des Marinierens ist das Injizieren von Flüssigkeit in das Fleisch mithilfe einer speziellen Spritze. Wir haben dies bei Hähnchen und Schweineschultern ausprobiert, verwenden die Spritze aber eigentlich nur, wenn wir ein ganzes Schwein im Smoker zubereiten. Wenn wir so viel Fleisch auf einmal mit einer so langen Zubereitungszeit smoken, erhöht das Injizieren den Geschmack und die Feuchtigkeit. Verwenden Sie für Küchenzwecke vorgesehene spezielle Spritzen und sorgen Sie dafür, dass die injizierte Flüssigkeit kalt ist, damit das Räuchergut nicht von innen heraus gegart wird.

EINSPRÜHEN UND IN PAPIER EINSCHLAGEN

Am Anfang haben wir das Fleisch während des Smokens nicht besonders oft eingesprüht, aber nachdem wir mit einer Reihe hervorragender Pitmaster gearbeitet haben, ist uns klargeworden, wie gut diese Technik ist. Das Räuchergut sollte man erst besprühen, wenn sich die Kruste auf dem Fleisch gebildet hat, da sonst die Oberfläche zu feucht wird. Das Einsprühen verhindert, dass das Räuchergut während der langen Zeit im Smoker austrocknet, bevor es in Papier eingeschlagen wird. Für das Spray verwenden wir in der Regel eine Mischung aus Essig und Fruchtsaft. Neben der Feuchtigkeit ist auch die Säure im Spray gut für den Geschmack, und der Zucker im Saft verleiht der Kruste zusätzliche Farbe.

Das Einschlagen des Fleisches am Ende des Garprozesses nennen wir manchmal auch „wrappen". Dazu kann Fleischerpapier oder Alufolie verwendet werden. Aluminium lässt keinen Geschmack vom Rauch durch, hilft aber, die Feuchtigkeit im Fleisch zu halten. Das Papier atmet etwas, was gut für die Kruste ist, aber wenn man zu wenig oder zu dünnes Papier verwendet, kann die Flüssigkeit durch das Papier ausdringen. Heutzutage kann man auch Fleischerpapier kaufen, das die richtige Struktur und Größe hat. Ist man allerdings nicht sorgfältig genug, kann auch dort Feuchtigkeit austreten. Alufolie gibt es in verschiedenen Dicken. Wir empfehlen, eine dickere Sorte zu nehmen. Wenn man keine dicke Folie bekommt, kann man auch eine normale Alufolie doppelt oder dreifach nehmen. Wie man Brisket einschlägt, können Sie auf Seite 53 sehen.

Wir haben auch Kollegen, die für das Warmhalten Frischhaltefolie verwenden, um die Feuchtigkeit zu erhalten, beispielsweise bei St Louis Cut Ribs. Bei dieser Methode wird die Kruste etwas feuchter, aber das Fleisch bleibt saftig.

DIE CHEMIE DES FLEISCHES

Bis zu 25 % des Eiweißes im Fleisch besteht aus Kollagen. Das Brisket, also die Rinderbrust, die neben Muskelfasern auch viel Fett und Bindegewebe hat, enthält besonders viel Kollagen. Wenn man das Kollagen schnell erhitzt, ziehen sich die Fasern wie Gummi zusammen und das Fleisch wird zäh. Bereitet man das Fleisch hingegen vorsichtig und langsam zu, wie beim BBQ, wird das Kollagen in Gelatine umgewandelt. Die gesättigten Fettsäuren enthalten außerdem viel Triglyceride, die Wasser binden. Wird das Fleisch langsam bei niedriger Temperatur zubereitet, verändert sich die Struktur des Fettes und das gebundene Wasser löst sich.

BARK

In der Welt des Smokens spricht man viel von Bark, womit die Kruste am Fleisch gemeint ist. Diese bildet sich während des Smokens außen am Fleisch. Hat man beim Smoken Fehler gemacht, wird diese Kruste hellbraun und das Endergebnis ist nicht perfekt. Ein Brisket muss nämlich braun und fast schwarz aus dem Smoker kommen.

Die Kruste an einem gesmokten Stück Fleisch ist ein Nebenprodukt zahlreicher komplexer chemischer Reaktionen. Für die, die es genau wissen wollen: Dies wird als Maillard-Reaktion bezeichnet. Später mehr darüber. Die Grundlage für eine gute Bark wird bereits gelegt, wenn man Gewürze oder Rub auf das Räuchergut streut. Durch einen Vorgang, der in der Chemie als Osmose bezeichnet wird, erzeugen die Zellen Flüssigkeit und Feuchtigkeit auf der Oberfläche des Räucherguts. Einige Gewürze sind wasserlöslich, während andere von im Fleisch enthaltenem Fett aufgelöst werden.

Wird dann das Fleisch bei Temperaturen von 105 °C und höher geräuchert, entsteht mehr Feuchtigkeit durch das Räuchergut und das Brennholz, was man durch die Verwendung von Kondenswasser im Smoker noch verstärken kann. Die Feuchtigkeit löst wasserlösliche Verbindungen im Rub, wie Salz und Zucker, die sich gleichzeitig mit dem aus dem Räuchergut austretenden Fett verbinden, auf. Der Rauch und die Temperatur im Smoker verändern dann die Farbe des Räucherguts. In dem Maße, wie die Flüssigkeit innerhalb des Fleisches verdunstet und Zucker und andere Stoffe auf der Oberfläche des Fleischs karamellisieren, ändert das Fleisch seine Farbe zunächst von Rot zu Hellbraun, dann zu Braun, Dunkelbraun und schließlich zu fast Schwarz.

Viele glauben, dass Rub und Gewürze in das gesamte Fleisch eindringen, aber abgesehen vom Salz verbleibt der größte Teil der Würzung auf der

Oberfläche. Eine andere fehlerhafte Auffassung ist, dass man durch das Bräunen des Fleisches „die Poren schließt" und das Räuchergut dadurch die Flüssigkeit besser hält. Das Fleisch besteht aus Zellen, die mittels Osmose „atmen", was auch für das Smoken gilt.

DIE MAILLARD-REAKTION

Bei höheren Zubereitungstemperaturen wird die äußere Schicht der Rohware ausgetrocknet, wodurch die Braunfärbung und der gute Geschmack entstehen, die wir mit gebratenen, gegrillten und geräucherten Lebensmitteln verbinden. Die Farbveränderung im Räuchergut entsteht durch eine Reihe komplizierter chemischer Reaktionen zwischen bestimmten Proteinen und Zuckerarten – der sogenannten Maillard-Reaktion – die für den guten Geschmack und die herrlichen Aromen verantwortlich ist. Ist die Temperatur jedoch zu hoch, verbrennt das Räuchergut, was den entsprechenden unangenehmen Geschmack zur Folge hat.

RAUCHRING

Das Fleischstück, das nach einer guten Räuchersession aus dem Smoker kommt, hat in der Regel unterhalb der Kruste einen rosafarbenen Ring im Fleisch. Dessen Breite kann von einigen Millimetern bis zu einem Zentimeter reichen. Dieser Ring wird als Rauchring bezeichnet und ist oft ein Zeichen dafür, dass das Fleisch richtig zubereitet wurde. Das stimmt jedoch nicht in jedem Fall, denn manchmal hat das beste geräucherte Fleisch überhaupt keinen Rauchring. Auch wenn der Rauchring den Geschmack nicht verbessert, sieht er doch recht cool aus und man kann mit ihm ein bisschen angeben.

Der Rauch besteht neben den kleinen Partikeln, durch die er sichtbar wird, aus Kondenswasser und Gasen. Der Rauchring entsteht aus der Reaktion von Eiweiß (aus dem Fleisch), Myoglobin und den Gasen Stickstoffoxid und Kohlenmonoxid.

Die Muskeln verwenden Sauerstoff und andere Verbindungen als Brennstoff. Das Eiweiß Hämoglobin sendet Sauerstoff von den Lungen durch das Blut zu den Wänden der Muskelfasern. Wenn er in die Zellen eindringt, bleibt er zusammen mit

Eisen im Myoglobin hängen. Das Myoglobin ist im Wasser gebunden, wo es Sauerstoff speichert, bis dieser von den Muskeln benötigt wird. Nach dem Schlachten ist das Tier ohne Blut und Hämoglobin, aber das Wasser im Myoglobin ist in den Muskelfasern eingeschlossen. Diese Flüssigkeit macht etwa 75 % des Gewichts des Fleisches aus. Die Flüssigkeit, die man oft in Fleischverpackungen findet, ist eben dieses Myoglobinwasser.

Aufgrund seines hohen Eisengehalts hat das Myoglobin eine rostrote Farbe, die auch dem Fleisch seine Farbe verleiht. Rindfleisch enthält mehr Myoglobin als Schweinefleisch und Geflügel, aber alle haben irgendeine Form von roter oder rosafarbener Flüssigkeit. Das Fleisch von frisch geschlachteten Tieren erhält in Kontakt mit Sauerstoff eine hellrote Farbe. Je älter das Fleisch wird, desto dunkler wird die Farbe.

Wenn das Fleisch Wärme ausgesetzt wird, ändert das Myoglobin seine Farbe, bei Rindfleisch von Rot über Rosa zu Braun. Je höher die Kerntemperatur ist, desto dunkler wird das Fleisch.

Zu Beginn der Zubereitung von Fleisch legen sich gleichzeitig Stickstoffoxid und Kohlenmonoxid aus dem Rauch auf die Oberfläche des Räucherguts. Die Gase dringen ein wenig in das Fleisch ein und führen zu der rosa Farbe des Rauchrings, während der Rest der Innenseite des Räucherguts braun wird.

DREI TIPPS FÜR EINEN GUTEN RAUCHRING

· Ein guter Rauchring braucht Feuchtigkeit. Achten Sie darauf, genügend Kondenswasser im Smoker zu haben. Dabei kann man während des Smokens mit Essigspray (siehe Seite 153) oder Pit Mop (siehe Seite 152) nachhelfen.
· Bereiten Sie das Räuchergut bei niedriger Temperatur über einen längeren Zeitraum zu.
· Achten Sie darauf, dass die Fettschicht an der Außenseite des Fleisches nicht zu dick ist. Die im Rauch enthaltenen Gase dringen nur schwer durch das Fett hindurch, so dass sich die Chance auf einen schicken Rauchring verringert.

WARENKUNDE, REZEPTE & ZUBEREITUNGEN

RIND

Wir arbeiten viel mit Rindfleisch und dabei insbesondere mit den Teilstücken Brust/Brisket, Short Ribs und Hochrippe. Dabei sind wir ständig auf der Jagd, Alternativen zu finden, denn bisher sind die entsprechenden Teilstücke bei uns entweder nicht gut genug oder gar nicht erhältlich. Und falls man sie doch einmal kaufen kann, dann nicht in den benötigten Mengen.

Rindfleisch würzen wir so weit wie möglich mit unserem Beef Rub. Zusammen mit dem Rauch der Eichenspäne ergibt das einen fantastischen Geschmack. Da braucht man gar nicht mehr viel anderes.

In der Regel bereiten wir Rindfleisch bei etwa 120–140 °C zu, je nach Teilstück und Fettgehalt. Das Flanksteak hingegen grillen wir gerne direkt auf der Kohle ohne Rost, denn das ergibt einen stärkeren Rauch- und Grillgeschmack. Es gibt verschiedene Klassifizierungen des Fleisches ausgehend von dessen Aufbau, Fettgehalt und Marmorierung. Wir verwenden vor allem Fleisch der Kategorie Prime.

AMERIKANISCHES RINDFLEISCH

USDA, das amerikanische Landwirtschaftsministerium, hat ein praktisches Klassifizierungssystem für Rindfleisch:

PRIME

Als Prime klassifiziertes Fleisch hat eine sehr hochwertige Qualität mit fantastischer Zartheit, Saftigkeit und einem hervorragenden Geschmack. Es hat eine starke Marmorierung, was sowohl den Geschmack als auch die Saftigkeit verstärkt. Es wird normalerweise an Spitzenrestaurants verkauft und ist in normalen Geschäften recht schwer zu bekommen. Dass es nur in geringeren Mengen auf dem Markt verfügbar ist, macht sich auch im Preis bemerkbar.

CHOICE UND UPPER CHOICE

Fleisch der Klassifizierung Choice hat eine geringere Marmorierung als Prime, ist aber nach wie vor zart, saftig und reich im Geschmack. Es wird in zwei Kategorien eingeteilt – Upper Choice und Choice. Upper Choice liegt in der Nähe von Prime und wird von vielen Spitzenrestaurants verwendet. Choice hat nach wie vor eine schöne Marmorierung, ist aber nicht ganz so zart wie Upper Choice. Choice ist die Kategorie, die in der Regel in den Geschäften erhältlich ist.

SELECT

Fleisch der Klassifizierung Select ist recht zart, aber da es magerer ist und weniger marmoriert, ist es nicht ganz so saftig und reich im Geschmack wie die höheren Klassifizierungen.

BRISKET

Wenn man in Texas BBQ gegessen hat, war wahrscheinlich Brisket dabei und man hat sich gewundert, wie gut dieses Fleisch schmecken kann. Auf Deutsch heißt dieses Teilstück Rinderbrust, aber der Unterschied zwischen einem amerikanischen Brisket und einer deutschen Rinderbrust ist recht groß. Die deutsche Rinderbrust ist in der Regel recht mager im Unterschied zu einem für das BBQ geeigneten Brisket, das wesentlich mehr Fettmarmorierung aufweist. In Schweden wird die Rinderbrust traditionell gepökelt und dann gekocht und mit gestampftem Wurzelgemüse und Meerrettichsauce serviert. Um in unseren Smokern das bestmögliche Ergebnis zu erzielen, haben wir uns dafür entschieden, das Fleisch aus den USA zu kaufen.

Das Brisket ist ein wesentlicher Grund dafür, dass das BBQ in den letzten Jahren weltweit so beliebt geworden ist, aber auch in den USA ist das Interesse an diesem Teilstück gestiegen und hat zu einer Renaissance des BBQ geführt. Ein gut geräuchertes Brisket ist ein fantastisches Geschmackserlebnis. Da dieses Teilstück nicht ganz einfach ist, erfordert es eine durchgehend richtige Handhabung, von der Vorbereitung über die Zubereitung bis zum Ruhen.

ANATOMIE

Das Brisket besteht aus zwei Hauptteilen, dem „Point" mit mehr Marmorierung und dem „Flat", das nicht ganz so viele Fetteinlagerungen enthält. Die Oberseite des Briskets ist von einer Fettschicht bedeckt.

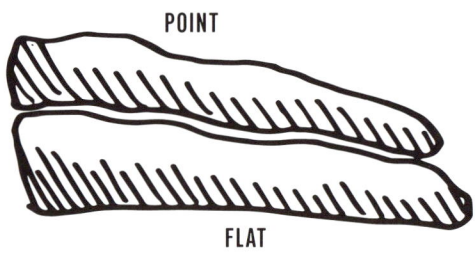

POINT

FLAT

PARIEREN

Das perfekte Parieren von Brisket ist eine Kunst. Das Ziel ist dabei, es stromlinienförmiger zu machen. Dazu schneidet man die richtige Menge überflüssiges Fett ab, behält aber ausreichend viel Fett, um ein saftiges Endergebnis zu erreichen. Das Parieren hat auch Einfluss darauf, wie viel Kruste nach dem Smoken vorhanden ist. Wenn man das optimale Gleichgewicht zwischen Fett und Fleisch findet, wird später jeder Bissen zum Genuss. Damit man sich die einzelnen Handgriffe besser einprägen und sie verstehen kann, lohnt es sich, im Internet nach ein paar Videos zu suchen.

Verwenden Sie ein scharfes Messer und denken Sie daran, dass das Brisket sich am besten kalt parieren lässt. Schneiden Sie den größten Teil des Fettes auf der Oberseite ab, bis noch eine etwa 1 cm dicke Schicht übriggeblieben ist.

Auf der Unterseite, wo Point und Flat aufeinanderstoßen, gibt es einen Bereich mit einer dicken Fettschicht. Diese wird abgeschnitten, ebenso wie die größeren Fettmembranen auf der Unterseite. Dann wird das Fleisch an den Seiten des Points pariert. Auch dort sollte etwa 1 cm Fett übrigbleiben.

Wenn Sie fertig sind, sollte Ihr Brisket eine gleichmäßige Form, ohne hervorstehende Fett- oder Fleischteile haben.

Ist die Rinderbrust pariert, wird sie mit einem Rub gewürzt. Dieser wird über das Fleisch gestreut und nicht zu sehr eingedrückt. Diese Würzung hilft dabei, dass das Fleisch später eine schöne Kruste bekommt.

IN PAPIER EINSCHLAGEN

1. Wenn das Fleisch lange genug im Smoker war und Sie mit der in dieser Zeit entstandenen Bark zufrieden sind, wird es in Papier eingeschlagen. Dazu werden zwei Papierbögen halb aufeinandergelegt und eingesprüht, jedoch nicht zu viel. Dann legt man das Brisket darauf und sprüht noch einmal.

2. Das Fleisch einschlagen. Zuerst von hinten und dann von den Seiten. Dazu das Fleisch eine halbe Umdrehung nach vorn rollen und darauf achten, dass das Papier dicht schließt.

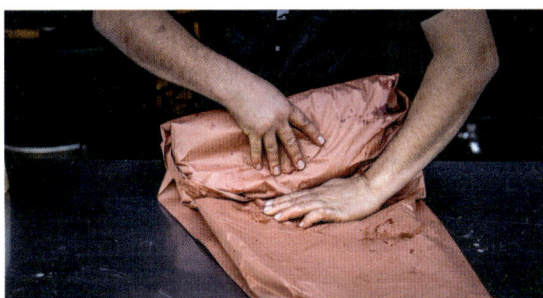

3. Das Papier dicht um das Fleisch wickeln und eine weitere halbe Umdrehung rollen, sodass der Point oben und die Naht unten liegt. Überflüssiges Papier abreißen. Nun wird das Fleisch zurück in den Smoker gelegt.

TRANCHIEREN

Da das Brisket aus zwei Muskeln mit unterschiedlichen Winkeln besteht, muss das fertige Fleisch dementsprechend geschnitten werden.

1. Zunächst wird im flachen Teil entgegen der Faserrichtung geschnitten. Dazu am Ende 90 ° zur Faserrichtung beginnen und zur Mitte hin schneiden. Die Scheiben sollten etwa so dick sein wie ein Bleibstift. Nach etwa der Hälfte mit dem Schneiden aufhören, denn dann ist der Point erreicht.
2. Nun das Fleisch um 90° drehen und in der Mitte teilen.
3. Beide Hälften in die gewünschte Dicke schneiden.

SMOKED BRISKET

Brisket ist quasi eine der Ikonen des Texanischen BBQs und ein Teilstück, das sowohl Leidenschaft als auch Kenntnisse erfordert. Aber wenn es gut gemacht ist, dann schmeckt es richtig gut! Übriggebliebene Rinderbrust lässt sich hervorragend als Chopped Beef zubereiten, als Pizzabelag verwenden oder auch in einer Portion Pit Beans.

Ausrüstung: Offset Smoker, Big Green Egg oder ein anderer Keramikgrill. Es funktioniert aber auch ein großer Kugelgrill mit indirekter Hitze.

1 PARIERTES BRISKET, 5–8 KG, SIEHE SEITE 52
100–150 ML BEEF RUB, SIEHE SEITE 150
1 FLASCHE ESSIGSPRAY, SIEHE SEITE 153
FLEISCHERPAPIER ZUM EINSCHLAGEN DES FEISCHES

Das Brisket rundum mit Beef Rub würzen, sodass sie bedeckt, aber die Schicht nicht zu dick ist. Dann das Fleisch ca. 1 Stunde lang zur Seite stellen.

Den Smoker anzünden und auf eine Temperatur von 120–130 °C bringen. Von Anfang an einen Metallbehälter mit Wasser in den Smoker stellen, wenn Sie mit Kondenswasser smoken wollen. Das Brisket so weit wie möglich von der Brennkammer entfernt in den Smoker legen. In unserem Offset Smoker legen wir sie mit der Fettseite nach oben und dem Point zum Feuer hin gerichtet. Einige unserer Kollegen legen die Fettseite nach unten, insbesondere, wenn sie in einem Keramikgrill mit Konvektor smoken – das ist einfach Geschmackssache.

Den Smoker schließen und mindestens 3–4 Stunden geschlossen halten. Darauf achten, dass die Temperatur konstant 120–130 °C beträgt.
In den darauffolgenden 2 Stunden die Temperatur im Smoker auf 125–135 °C erhöhen, und das Fleisch alle halbe Stunde einsprühen. Dadurch erhält sie etwas mehr Kruste und eine schöne Farbe.

Nach etwa 6 Stunden das Fleisch herausnehmen. Falls Sie mit der Kruste noch nicht zufrieden sind, können Sie das Fleisch noch eine Weile im Smoker lassen.

Ist die Kruste in Ordnung, sprühen Sie das Fleisch noch einmal gut mit Essigspray ein und wickeln es in Fleischerpapier (siehe Seite 53). Das Brisket dann wieder in den Smoker legen.

Weitere 2–4 Stunden smoken, bis sie eine Kerntemperatur von etwa 94–97 °C erreicht hat.

Das Fleisch herausnehmen, auf die Arbeitsfläche legen und dort ruhen lassen, bis die Kerntemperatur auf 65–70 °C gesunken ist. Denken Sie besonders in der kalten Jahreszeit daran, dass dieser Vorgang nicht zu schnell ablaufen darf. Das Brisket ruht am besten bei Zimmertemperatur oder etwas wärmer.

Am besten das Fleisch für weitere 3–5 Stunden in einen Wärmeschrank oder eine Wärmebox mit einer Temperatur von 60 °C legen. Wenn Sie keinen Wärmeschrank haben, können Sie auch eine normale, dichte Kühltasche verwenden.
Das Brisket tranchieren (siehe Seite 53) und einfach pur genießen oder mit leckeren Beilagen oder auf einem Stück Brot.

SMOKED SHORT RIBS

Wir lieben Short Ribs. Sie haben ihren Platz bei allen unseren Caterings und sind eine Art Türöffner für Leute, die aus irgendeinem Grund dem Smoker-Konzept etwas skeptisch gegenüberstehen, denn Fleisch am Knochen kennt ja jeder. Eigentlich ist es nicht ganz einfach, einen ausreichend hohen Preis für Short Ribs zu verlangen. Deshalb sind sie auch in amerikanischen BBQ-Restaurants nicht sehr verbreitet. Dort bietet man sie vielleicht an einem Tag in der Woche an, aber selten öfter.

Ausrüstung: Offset Smoker, Big Green Egg oder ein anderer Keramikgrill. Es funktioniert aber auch ein großer Kugelgrill mit indirekter Hitze.

2 RACKS SHORT RIBS (2 X 4 KNOCHEN)
100 ML BEEF RUB, SIEHE SEITE 150
1 FLASCHE ESSIGSPRAY, SIEHE SEITE 153

Die Rippchen auf ein Schneidbrett legen, von allen Seiten mit Beef Rub einreiben und eine halbe Stunde bei Zimmertemperatur ruhen lassen.

Den Smoker anfeuern und auf eine Temperatur von etwa 120–130 °C bringen. Das Fleisch hineinlegen, den Smoker schließen und darauf achten, dass die Temperatur in den nächsten 3 Stunden konstant bleibt, damit sich eine schöne Kruste bildet.

Den Smoker öffnen und das Fleisch kontrollieren, mit etwas Essigspray besprühen und mit dem Smoken fortfahren, bis eine Kerntemperatur von 95–98 °C erreicht ist. Alle 40 Minuten erneut besprühen. Bei dieser Temperatur benötigen die Short Ribs etwa 7–8 Stunden, bis sie fertig sind.

Ob die Short Ribs gar sind, kann man kontrollieren, indem man mit dem Finger auf die Rippchen drückt. Wenn er leicht in das Fleisch eindringt, sind sie gar.

ÜBER SHORT RIBS

Für uns sind sie das Nonplusultra der Rippchen: extrem marmoriert und voller Geschmack. Man kann dabei im Prinzip nichts falsch machen und sie lassen sich auch später sehr gut nochmal erwärmen. Short Ribs sind nicht kurz, der Name leitet sich von Short Plate ab – dem vorderen Brustbereich und der hinteren Flanke. Unsere Lieblingssorte heißt Chuck Short Ribs. Sie werden hinter der Hochrippe entnommen. Dieses Teilstück ist ein schönes kleines Paket von ca. 2 kg, verteilt auf 4 ca. 15 cm lange Knochen.

SMOKED CHUCK ROLL

Die amerikanische Hochrippe, die wir verwenden, ist wirklich riesig und wiegt 12–14 kg, wodurch das Smoken etwa 24 Stunden dauert. Zur Beschleunigung des Prozesses, und um mehr Kruste zu bekommen, teilen wir sie in der Regel in der Mitte. Eine gut marmorierte Hochrippe lässt sich sehr gut handhaben und ist ein hervorragendes Stück Fleisch, um damit seine BBQ-Karriere zu beginnen.

Ausrüstung: Offset Smoker, Big Green Egg oder ein anderer Keramikgrill. Es funktioniert aber auch ein großer Kugelgrill mit indirekter Hitze.

1 STÜCK HOCHRIPPE, CA. 4–5 KG
100 ML BEEF RUB, SIEHE SEITE 150
1 FLASCHE ESSIGSPRAY, SIEHE SEITE 153

Die Hochrippe längs in zwei längliche Stücke teilen. Die Stücke von allen Seiten mit Beef Rub einreiben und 30 Minuten bei Zimmertemperatur ruhen lassen.

Den Smoker anfeuern und auf eine Temperatur von etwa 120–130 °C bringen. Im Offset Smoker eines der Enden in Richtung Feuer legen und im Water Cooker auf einen Rost in der Mitte des Smokers über dem Wasserbad positionieren.

Die Hochrippe nach 3 Stunden einsprühen. Diesen Vorgang über 2 weitere Stunden alle 30 Minuten wiederholen.

Fleischerpapier auf die Arbeitsfläche legen. Die Hochrippe herausnehmen und gut einsprühen. Die Fleischstücke einzeln in Fleischerpapier einrollen und wieder in den Smoker zurücklegen.

Die Temperatur beibehalten, bis das Fleisch eine Kerntemperatur von 95–97 °C erreicht hat. Wenn das Fleisch gar ist, fällt es fast auseinander und man kann es leicht mit dem Finger eindrücken (bitte verbrennen Sie sich nicht).

Das Fleisch herausnehmen und im Papier ruhen lassen, bis die Kerntemperatur auf ca. 70 °C gesunken ist.

Chuck Roll: Das Fleisch in dicke Scheiben schneiden und sofort servieren oder in einer dichten Kühltasche warm halten, wenn sie etwas später gegessen werden sollen.

Chopped Beef: Die Hochrippe in ca. 2 × 2 cm große Würfel schneiden, auf ein Blech oder in eine ofenfeste Form legen und 30–60 Minuten lang in den Smoker stellen. Herausnehmen und sofort servieren.

ÜBER CHUCK ROLL

Chuck Roll oder Hochrippe, wie es auf Deutsch heißt, ist ein fantastisches Teilstück, das man normalerweise vor allem für Gulasch oder als Kochfleisch verwendet. Wegen seiner schönen Fettmarmorierung eignet es sich auch gut zum Smoken. Wir teilen sie in der Regel längs, wenn wir sie smoken. Probieren Sie einfach aus, was am besten zu Ihnen und Ihrem Smoker passt.

CHOPPED BEEF SANDWICH

Nachdem Sie Ihre frisch geräucherte Chuck Roll in Würfel geschnitten haben, will sie nichts anderes als in guter Gesellschaft auf einem Sandwich landen. Das Brot für den Hamburger in einer trockenen Pfanne oder auf dem Grill rösten. Darauf kommt Carolina Sweet Slaw (Seite 136), eingelegte Gurke mit Ingwer & Jalapeño (Seite 140), nicht vergessen einige Ringe eingelegte süße rote Zwiebeln (Seite 139) und zum Schluss ein Schuss warme Holy's BBQ-Sauce (Seite 144) auf das noch warme Fleisch.
Und dann nichts wie reinhauen!

BRISKET SANDWICH

Ein Sandwich mit Brisket und guten Beilagen kann man jederzeit essen.
Dazu werden einige Scheiben frisch gesmoktes Brisket auf ein geröstetes
Hamburgerbrötchen gelegt. Darauf kommt eine ordentliche Menge Holy's
Red Slaw (Seite 136), einige Ringe eingelegte süße rote Zwiebeln (Seite 139)
und zum Schluss ein ordentlicher Schuss warme Holy's BBQ-Sauce
(Seite 144). Die zweite Brötchenhälfte auflegen und sofort servieren.

SHORT-RIB-SANDWICH

Mit geräucherten Short Ribs können Sie ganz leicht ein leckeres Short-Rib-Sandwich zubereiten. Wenn Ihre Rippchen gerade nicht frisch aus dem Smoker kommen, wärmen Sie sie auf, ziehen dann die Knochen heraus und teilen das Fleisch in kleinere Stücke. Grillen Sie ein paar Scheiben Sauerteigbrot und legen Sie Fennel & Apple Slaw (Seite 136) und Fleisch darauf. Mit Holy's BBQ-Sauce (Seite 144), einigen knusprigen Pork Clouds (Seite 157) und einem Klecks Mayonnaise (Seite 148) toppen. Mit einer weiteren gegrillten Brotscheibe belegen.

DIRTY FLANK

Flanksteak wird immer beliebter, vor allem, wenn man es direkt auf einem heißen Glutbett grillt. Das knistert, raucht und ergibt einen fantastischen Grillgeschmack.

Ausrüstung: Big Green Egg oder ein anderer Keramikgrill. Es funktioniert aber auch ein Kugelgrill.

1 FLANKSTEAK, CA. 500 G
FLOCKENSALZ
SCHWARZER PFEFFER, FRISCH GEMAHLEN

Das Fleisch eine halbe Stunde bei Zimmertemperatur ruhen lassen.

Den Grill anzünden, bis sich die Kohle in schöne Glut verwandelt hat.

Das Flanksteak direkt auf die Kohle legen, sodass es richtig zischt und raucht. Das Fleisch von beiden Seiten grillen, bis es eine schöne Farbe hat. Die Temperatur im dicksten Teil des Stückes messen. Diese sollte je nach gewünschtem Gargrad 45–50 °C betragen.

Das Flanksteak aus der Glut nehmen und mit Salz und Pfeffer würzen. Das Fleisch in Fleischerpapier einwickeln und an einem warmen Ort 5–10 Minuten ruhen lassen.

Dann das Flanksteak dünn tranchieren und sofort servieren, am besten mit Zitronensaft oder einer guten Sauce, zum Beispiel Chimichurri (siehe Seite 114).

ÜBER FLANKSTEAK

Das Flanksteak ist seit einigen Jahren wieder sehr populär. Es ist reich im Geschmack, mager und relativ preiswert. Ein perfekt zubereitetes Flanksteak gehört zu dem Besten, was man seinen Gästen servieren kann. Sie sollten nur darauf achten, es entgegen der Faserrichtung zu schneiden, da es sonst ausgesprochen zäh werden kann.

REVERSE SEARED TOMAHAWK STEAK

Fleischstücke einer Dicke von bis zu 2–2,5 cm lassen sich gut bei hoher, direkter Hitze grillen. Da ein Tomahawk jedoch dicker ist, wird es auf diese Weise fast unmöglich, ein gleichmäßiges Ergebnis zu erreichen. Die Lösung heißt Reverse Sear und bedeutet, dass man das Fleisch zunächst bei niedrigerer Temperatur zubereitet und wenn die gewünschte Kerntemperatur erreicht ist, noch einmal richtig Hitze draufgibt, sodass eine schöne Kruste entsteht.

Ausrüstung: Offset Smoker, Big Green Egg oder ein anderer Keramikgrill. Es funktioniert aber auch ein großer Kugelgrill mit indirekter Hitze.

2 TOMAHAWK STEAKS, À 1 KG
2 EL BEEF RUB, SIEHE SEITE 150
1 PORTION GEBRÄUNTE KRÄUTERBUTTER, SIEHE SEITE 66
GEGRILLTE ZITRONENHÄLFTEN

Das Fleisch auf Zimmertemperatur bringen. Das dauert etwa 30 Minuten. Den Beef Rub einmassieren und das Fleisch 15–20 Minuten ziehen lassen. Den Smoker anzünden und auf eine Temperatur von ca. 125 °C bringen. Das Fleisch smoken, bis es eine Kerntemperatur von 40–45 °C hat, herausnehmen und ruhen lassen.

Einen Grill erhitzen und einen Rost oder eine Grillpfanne hineinlegen.

Das Fleisch von beiden Seiten grillen, sodass es richtig Farbe bekommt. Wenn es eine Kerntemperatur von 50 °C hat, kann es herausgenommen werden. In Fleischerpapier einwickeln und an einem warmen Ort ca. 10 Minuten ruhen lassen.

Das Fleisch auswickeln und in Scheiben von gewünschter Dicke schneiden. Die gebräunte Kräuterbutter erwärmen und über das Fleisch gießen. Mit gegrillten Zitronenhälften servieren.

ÜBER DAS TOMAHAWK STEAK

Tomahawk Steak ist ein anderer Begriff für Entrecôte mit Knochen. Je länger der Knochen, desto cooler das Aussehen, deshalb darf der Knochen ruhig bis zu 30 cm lang sein. Dadurch, dass das Fleisch und der Fettrand am Knochen verbleiben, entsteht ein fantastischer Geschmack. Manchmal sägt der Fleischer den Knochen zu kurz. Dann wird dieses Teilstück stattdessen Cowboy Steak genannt. In beiden Fällen handelt es sich um richtig große Fleischstücke, mit einer Dicke von 3–4 cm.

WHOLE PRIME RIB ROAST

Ein ganzes Stück Entrecôte mit Knochen. Das sieht fantastisch aus! Wir bereiten es so zu, wie man es in einem normalen Backofen tun würde, aber mithilfe des Rauchs entwickelt sich ein unvergleichlicher Geschmack. Wichtig ist, solche großen Stücke vor dem Aufschneiden gut ruhen zu lassen. Um das beste Endergebnis zu erzielen, bereiten wir es medium rare/ medium zu.

1 GANZES STÜCK PRIME RIB ROAST, CA. 4–5 KG MIT 4–5 KNOCHEN
50 ML BEEF RUB, SIEHE SEITE 150
1 FLASCHE ESSIGSPRAY, SIEHE SEITE 153
1 PORTION GEBRÄUNTE KRÄUTERBUTTER, SIEHE NÄCHSTE SPALTE

Das Rib Roast etwa 30–40 Minuten bei Zimmertemperatur liegen lassen.

Ca. 30 Minuten, bevor das Fleisch hineingelegt wird, den Smoker/Grill auf 140–150 °C anheizen. Das Fleisch mit Beef Rub einreiben und 30 Minuten ziehen lassen, während der Smoker auf die richtige Temperatur gebracht wird.

In den Smoker legen und ein Thermometer in die Mitte des Fleischstücks stecken. Weiter heizen und die Temperatur im Smoker halten. Nach 1–1 ½ Stunden das Fleisch einsprühen und dies alle 30 Minuten wiederholen.

Wenn eine Kerntemperatur von 50–55 °C erreicht ist, das Fleisch herausnehmen und in Fleischerpapier einwickeln. Etwa 20–30 Minuten ruhen lassen, dann aufschneiden und servieren.

GEBRÄUNTE KRÄUTERBUTTER

Passt besonders gut zum Whole Prime Rib Roast und zum Reverse Seared Tomahawk Steak auf der vorhergehenden Seite.

200 G BUTTER
1 ROTE SPANISCHE CHILISCHOTE, VORZUGSWEISE PIMIENTO PIQUILLO, GEHACKT
4 KNOBLAUCHZEHEN, GEHACKT
1 ZITRONE, ABGERIEBENE SCHALE UND AUSGEPRESSTER SAFT
200 ML KRAUSE PETERSILIE, GROB GEHACKT
FLOCKENSALZ
SCHWARZER PFEFFER, GROB GEMAHLEN

Während das Fleisch im Grill liegt, die Butter in einem Topf schmelzen lassen. So lange bräunen, bis sie goldbraun ist. Die Chili und den Knoblauch in die Butter geben und so lange braten, bis alles Farbe angenommen hat.

Den Zitronensaft hineingießen und alles aufkochen lassen. Mit Salz und Pfeffer abschmecken. Kurz vor dem Servieren die Butter noch einmal erwärmen und die Zitronenschale und die Petersilie hineingeben.

SMOKED BONE MARROW

Ein beliebtes Weekend Special. Dieses Gericht wird am besten, wenn die Knochen der Länge nach aufgesägt werden. Geräuchertes Knochenmark ist ein leckerer Snack oder eine Vorspeise. Man kann die Markknochen auch ohne Rauch grillen oder sogar im Backofen zubereiten.

Ausrüstung: Offset Smoker, Big Green Egg oder ein anderer Keramikgrill. Es funktioniert aber auch ein großer Kugelgrill mit indirekter Hitze.

4–8 MARKKNOCHEN, AM BESTEN DER LÄNGE NACH AUFGESÄGT
GREMOLATA, SIEHE NÄCHSTE SPALTE

Den Smoker anfeuern und auf eine Temperatur von etwa 125–130 °C bringen.

Die Markknochen indirekt 20–30 Minuten smoken, bis das Mark leicht Blasen zu werfen beginnt.

Herausnehmen, die Gremolata darübergeben und mit Brot servieren.

GREMOLATA

Passt sehr gut zu geräucherten Markknochen, aber auch zu Schwein oder Geflügel.

300–400 ML KRAUSE PETERSILIE, GEHACKT
4–5 KNOBLAUCHZEHEN, FEIN GEHACKT
2 ZITRONEN, DIE FEIN GERIEBENE SCHALE
2 FRÜHLINGSZWIEBELN, IN RINGE GESCHNITTEN
1/2 EL SUMAK
1/2 EL SCHWARZER PFEFFER, FRISCH GEMAHLEN
1 EL SALZ
100–200 ML OLIVENÖL

Alle Zutaten, außer dem Öl, miteinander vermischen. Mit dem Öl auf die gewünschte Konsistenz verdünnen. Vor dem Servieren 10 Minuten ziehen lassen.

ÜBER KNOCHENMARK

Knochenmark ist fett und schmackhaft, und die Markknochen sind inzwischen auch aufgesägt oder in Scheiben erhältlich. Im Grill oder im Smoker lassen sich am besten längs aufgesägte Knochen verwenden. Die Knochen dürfen nicht zu lange erhitzt werden, denn das Mark soll beim Servieren noch cremig sein. Zu dem fettigen Geschmack passt am besten eine säuerliche Beilage wie Gremolata oder eingelegte rote Zwiebeln.

SCHWEIN

Mit Schweinefleisch lässt sich wunderbar arbeiten. Außerdem ist es nicht sehr empfindlich, wenn die Temperatur aus Versehen etwas zu hoch geraten sollte. Es gibt fantastische Stücke von einheimischen Schweinen, die wir wirklich empfehlen können. Uns ist es zusammen mit einem Fleischereibetrieb gelungen, amerikanische Teilstücke aus dem Schwein zu entwickeln, mit denen es sich wirklich hervorragend arbeiten lässt. Normalerweise ist an den einheimischen Schweinerippchen und Baby Back Ribs zu wenig Fleisch. Außerdem ist es ziemlich schwierig, ein gutes Stück Schweineschulter mit Knochen zu bekommen. Gelingt einem das, ist das schon die halbe Miete.

Wir verwenden für die Ribs unseren Pork Rub sowie Jalapeñoglaze. Unsere Schweineschulter, aus der wir Pulled Pork zubereiten, würzen wir mit Pork Rub und besprühen sie dann während des Smokens und beim Einschlagen in Papier in der Schlussphase mit Essigspray. Nachdem wir das Pulled Pork auseinandergezupft haben, mischen wir das Fleisch mit einer unserer Saucen.

Beim Schweinefleisch können die Temperaturen etwas höher gewählt werden als beim Rindfleisch. Dadurch wird die Kruste am Fleisch oft noch leckerer und trägt zum Schluss zu einem Großteil zum Geschmack bei. 130–150 °C funktionieren in der Regel hervorragend für Schweinefleisch. Beobachten Sie jedoch Ihr Fleisch, und wenn Sie das Gefühl haben, es wird zu dunkel, sollten Sie es einsprühen, in Fleischerpapier einschlagen und die Temperatur senken.

RIBS

Ein Schwein ist immer ein Schwein. Egal, wo in der Welt man sich befindet, sitzt der Rüssel vorne und der Schwanz hinten. Die einzelnen Teilstücke und ihre Eignung für das BBQ unterscheiden sich jedoch von Land zu Land. Bei uns gibt es viel Schweinefleisch im Angebot, allerdings ist es nicht leicht, richtig gute Rippchen zu bekommen. Der Grund dafür ist, dass die allgemein üblichen Teilstücke nicht ganz dem entsprechen, was wir für das Grillen und Smoken benötigen. Nachdem wir genug davon hatten, riefen wir zusammen mit dem Fleischereibetrieb Ugglarps ein Projekt ins Leben, in dessen Ergebnis wir die St Louis Cut Ribs erhielten, die wir heutzutage anbieten.

In den USA unterscheiden sich die Menüs zwischen den einzelnen BBQ-Restaurants, aber außer in Texas, wo Brisket das Maß aller Dinge ist, werden im Prinzip überall Ribs vom Schwein angeboten. Am häufigsten sind dabei Spare Ribs, oft als St Louis Cut. Dabei werden die obere Knorpelpartie und die Rippenspitzen unten abgeschnitten. Auf diese Weise erhält man ein rechteckiges Rippenstück. Man nimmt dabei in der Regel die Dicke Rippe nicht mit und begnügt sich mit zwölf Knochen. Eine andere Alternative sind Baby Back Ribs, auch Kotelettrippen genannt. Diese sind kürzer und sitzen etwas weiter oben, genau unter dem Kotelett.

Es gibt drei hauptsächliche Methoden zum Würzen von Ribs: das Einreiben mit einem Rub vor dem Smoken, das Aufbringen eines einfachen Rubs und das Finish mit einer Glaze oder die Zubereitung von Memphis Dry Ribs. Bei letzterem beginnt man vor dem Smoken oft mit einem einfacheren Rub und würzt dann nach dem Smoken, kurz vor dem Servieren, mit einem weiteren Rub. Diese Variante hört sich vielleicht etwas merkwürdig an, schmeckt aber sehr gut.

DIE MEMBRAN ABZIEHEN

Auf der Unterseite der Rippen sitzt eine Membran und die Fachleute streiten sich, ob diese entfernt werden sollte oder nicht. Einige finden, sie erhöhe das Geschmackserlebnis, andere nicht. Wenn Sie die Membran entfernen wollen, stecken Sie einen Finger oder einen Löffel darunter, sodass sich eine kleine Tasche bildet und ziehen dann die ganze Membran in einem Zug ab. Um die Griffigkeit zu erhöhen, können Sie etwas Küchenpapier verwenden.

RUB

Wir würzen das Fleisch oft nur mit Salz und Pfeffer und erreichen den guten Geschmack durch die Verwendung von Glaze am Ende des Räuchervorgangs. Andere stellen einen Rub mit jeder Menge Gewürzen her. Einige lassen die Gewürze über Nacht einziehen, während andere die Rippchen gleich in den Smoker legen.

SPRAY

Nach 3–4 Stunden im Smoker sprühen wir unsere Rippchen ein. Dann wird das Fleisch etwa alle 30–40 Minuten mit einer 50:50-Mischung aus Apfelessig und Apfelsaft eingesprüht. Das Feuchthalten des Fleisches verbessert das Endergebnis erheblich. Außerdem kühlt das Spray die Oberfläche, sodass die Farbe nicht zu dunkel wird.

GLAZE

Mit dem Glasieren beginnt man am besten 1 Stunde vor dem Ende des Smokens. Beginnt man zu früh, besteht die Gefahr, dass der Zucker in der Glaze verbrennt. Achten Sie auch darauf, dass die Temperatur im Smoker nicht zu hoch wird, denn verbrannte Rippchen schmecken einfach nur verbrannt.

MEMPHIS STYLE DRY RIBS

Diese Variante haben wir zum ersten Mal bei Peg Leg Porker in Nashville probiert. Wir hatten schon von Memphis Style Dry Ribs gehört und Videos im Internet gesehen – und da sahen sie richtig lecker aus. Bei Peg Leg werden die Rippchen mit Salz und Pfeffer gewürzt und dann in den Rauch gelegt. Wenn sie fertig sind, ruhen lassen und kurz vor dem Servieren mit einem Dry Rub würzen. Beim Essen taucht man dann die Rippchen in eine leicht säuerliche Essigsauce.

Ausrüstung: Offset Smoker, Big Green Egg oder ein anderer Keramikgrill. Es funktioniert aber auch ein großer Kugelgrill mit indirekter Hitze.

1 SLAB ST LOUIS CUT RIBS, SIEHE BILD SEITE 72
2–3 EL GROBES SALZ
1 FLASCHE ESSIGSPRAY, SIEHE SEITE 153
50–100 ML MEMPHIS DRY RUB, SIEHE SEITE 151

Die Ribs auf beiden Seiten salzen und 1 Stunde bei Zimmertemperatur ziehen lassen.

Den Smoker anfeuern und auf eine Temperatur von etwa 110–120 °C bringen. Bei Bedarf ein Wassergefäß hineinstellen, dann wird der Rauch besonders feucht. Das Fleisch hineinlegen und darauf achten, dass der Smoker die gewünschte Temperatur hält.

Die Ribs nach 3 Stunden mit Essigspray einsprühen. Dann das Einsprühen jede halbe Stunde wiederholen.

Nach 4 Stunden sollte das Fleisch gar sein. Das kann man testen, indem man den Knochen auf einer Seite vorsichtig mit einem Finger anhebt. Wenn das Fleisch leicht auseinanderfällt, ist es fertig. Sollte das Fleisch noch nicht gar sein, die Ribs weiter smoken und alle halbe Stunde mit Essig einsprühen.

Einen Streuer mit Dry Rub füllen. Die Ribs aus dem Smoker nehmen und mit Essigspray einsprühen. Nun eine dicke Schicht Dry Rub auf beide Seiten streuen.

Etwa 5 Minuten ruhen lassen und dann die Ribs in gewünschter Portionsgröße servieren.

JALAPEÑO GLAZED ST LOUIS CUT RIBS

Diese Variante ist inspiriert von Freedman BBQ in Austin, wo wir etwas Ähnliches gegessen haben. Allerdings haben wir für dieses Gericht etwas dickere Ribs im St Louis Cut gewählt. Man bekommt zunächst einen richtig guten Rauchgeschmack in die Rippchen und schließt dann mit einer süß-sauren, leicht scharfen Glaze ab. Einfach nur lecker.

Ausrüstung: Offset Smoker, Big Green Egg oder ein anderer Keramikgrill. Es funktioniert aber auch ein großer Kugelgrill mit indirekter Hitze.

1 SLAB ST LOUIS CUT RIBS, SIEHE BILD SEITE 72
50–100 ML PORK RUB, SIEHE SEITE 151
1 FLASCHE ESSIGSPRAY, SIEHE SEITE 153
100–200 ML JALAPEÑOGLAZE, SIEHE SEITE 150

Die Ribs auf beiden Seiten mit Pork Rub würzen und 1 Stunde bei Zimmertemperatur ziehen lassen.

Den Smoker anfeuern und auf eine Temperatur von etwa 110–120 °C bringen. Bei Bedarf ein Wassergefäß hineinstellen, um einen besonders feuchten Rauch zu erhalten. Das Fleisch hineinlegen und darauf achten, dass der Smoker die gewünschte Temperatur hält.

Die Ribs nach 3 Stunden mit Essigspray einsprühen. Dann das Einsprühen jede halbe Stunde wiederholen.

Nach 4 Stunden sollte das Fleisch gar sein. Das kann man testen, indem man den Knochen auf einer Seite vorsichtig mit einem Finger anhebt.

Wenn das Fleisch leicht auseinanderfällt, ist es fertig. Sollte das Fleisch noch nicht gar sein, die Ribs weiter smoken und alle halbe Stunde erneut mit Essig einsprühen.

Nachdem das Fleisch fertig ist, die Rippchen herausnehmen und mit Jalapeñoglaze bestreichen. Die Glaze einen Augenblick einziehen lassen und dann das Fleisch servieren.

Eine andere Variante ist, die Ribs zum Ende hin in Folie einzuwickeln. Dabei wird genau wie oben angegeben vorgegangen, aber nach 3 Stunden werden die Ribs in Alufolie gewickelt: Die Folie vorbereiten, indem die Folienstücke auf eine glatte Fläche gelegt werden. Dann die Folie mit etwas Essig einsprühen, die Ribs herausnehmen und in die Mitte der Folie legen. Die Oberseite des Fleisches einsprühen und dann die Folie um die Ribs wickeln. Das Paket in den Smoker legen und weitere 1–2 Stunden smoken.

Wenn die Ribs fertig sind, das Paket herausnehmen, öffnen und das Fleisch mit Glaze einpinseln. Die Glaze einen Augenblick einziehen lassen und dann das Fleisch servieren.

SMOKED PORK SHOULDER

Schweinefleisch eignet sich hervorragend zum Smoken, da es ordentlich Fett enthält und man auch verschiedene Gewürze verwenden kann, um unterschiedliche Geschmacksrichtungen zu erzeugen. Je größer das Stück Fleisch ist, desto besser, denn es wird über eine relativ lange Zeit gesmokt. Schweinefleisch bleibt saftig, auch wenn die Temperatur im Smoker vielleicht etwas zu hoch war.

Ausrüstung: Offset Smoker, Big Green Egg oder ein anderer Keramikgrill. Es funktioniert aber auch ein großer Kugelgrill mit indirekter Hitze.

1 SCHWEINESCHULTER, CA. 2,5–3 KG ODER SCHWEINELENDE
100–200 ML AMERIKANISCHER SENF; BEISPIELSWEISE FRENCH'S
50–100 ML PORK RUB, SIEHE SEITE 151
1 FLASCHE ESSIGSPRAY, SIEHE SEITE 153

Bei Bedarf eventuell etwas Fett vom Fleisch entfernen. Das Fleisch von allen Seiten mit Senf bestreichen und mit Rub würzen. ½–1 Stunde bei Zimmertemperatur ziehen lassen.

Den Smoker anfeuern und auf eine Temperatur von etwa 120–130 °C bringen. Das Fleisch in den Smoker legen, die Klappe schließen und 3–4 Stunden smoken. Dabei versuchen, die Temperatur so konstant wie möglich zu halten.

Dann das Fleisch 2 Stunden lang jede halbe Stunde mit Essigspray einsprühen.

Nach insgesamt etwa 6 Stunden zwei Bögen Alufolie über Kreuz legen und mit Essigspray befeuchten. Das Fleisch aus dem Smoker nehmen und in die Mitte des Folienkreuzes legen. Zuerst die Seitenteile der Folie auf das Fleisch klappen

und dann das Fleisch gut in die übrige Folie einrollen. So bleibt das Fleisch während der restlichen Garzeit schön saftig.

Das Fleisch wieder in den Smoker zurücklegen und weiter smoken, bis es eine Kerntemperatur von 93–95 °C hat.

Das Fleisch herausnehmen und vor der weiteren Verarbeitung etwa 1 Stunde ruhen lassen.

PULLED PORK

Inzwischen hat jeder schon einmal irgendeine Form von Pulled Pork probiert. Allerdings haben wohl nur wenige eine „echte" Variante gegessen, die über den richtigen Zeitraum bei der richtigen Temperatur gegart wurde und den perfekten Geschmack von Rauch und Rub erhalten hat. Wir vermischen unser Pulled Pork mit einer Sauce, die nicht so süß, sondern eher etwas säuerlich ist. Dadurch wird der BBQ-Geschmack noch unterstrichen.

Zubereitung: Das frisch geräucherte Fleisch nach dem Ruhen auf eine Platte oder ein Brett legen, wenn Schweineschulter verwendet wurde, den Knochen entfernen und dann das Fleisch mit den Fingern auseinanderzupfen. Wir ziehen dazu doppelte Latexhandschuhe an, um uns an dem heißen Fleisch nicht zu verbrennen. Wenn Sie keine Handschuhe haben, können Sie auch zwei Gabeln nehmen. Das auseinandergezupfte Fleisch mit Pork Rub und Sauce, zum Beispiel Holy BBQ oder Whole Hog, vermischen, bis es den gewünschten Geschmack hat. Danach sofort servieren, entweder auf einem Brot oder so einfach so …

PORK CAROLINA STYLE

Wenn Sie Ihr Pulled Pork im Carolina Style genießen möchten, brauchen
Sie reichlich Fleisch und frisch gebackenes Corn Bread (Seite 172).
Dazu passen Carolina Sweet Slaw (Seite 136) und zum Abschmecken
die Sauce Whole Hog (Seite 145) ganz hervorragend.

SMOKED PORK BELLY

Geräucherter Schweinebauch ist in letzter Zeit immer beliebter geworden und lässt sich auf verschiedene Art und Weise servieren. Was der amerikanische Fernsehkoch Anthony Bourdain in einer seiner Kochshows sagte: „Seven layers of fat, what can go wrong?" stimmt voll und ganz. Wir schneiden ihn in Scheiben und servieren ihn ohne alles oder mit Brot. Reste können für Pit Beans oder auch als Burnt Ends verwendet werden.

Ausrüstung: Offset Smoker, Big Green Egg oder ein anderer Keramikgrill. Es funktioniert aber auch ein großer Kugelgrill mit indirekter Hitze.

3–4 KG SCHWEINEBAUCH OHNE SCHWARTE
100 ML PORK RUB, SIEHE SEITE 151
1 FLASCHE ESSIGSPRAY, SIEHE SEITE 153

Den Smoker anfeuern und auf eine Temperatur von etwa 115–125 °C bringen.

Den Schweinebauch sorgfältig mit Küchenpapier oder einem Handtuch trockentupfen. Das Fleisch von allen Seiten, einschließlich der Kanten, mit Pork Rub einreiben, aber darauf achten, dass es nicht zu viel wird.

Das Fleisch auf einen Rost legen und diesen in den Smoker einsetzen.

Nach 3 Stunden den Smoker öffnen und das Fleisch mit Essigspray einsprühen. Dies alle halbe Stunde wiederholen, bis der Schweinebauch gar ist. Das dauert, je nach Dicke des Fleischs, etwa 4–5 Stunden. Über die Kerntemperatur kann man selbst bestimmen, welche Konsistenz der Schweinebauch bekommt. Soll er etwas fester sein, wird er bei einer Kerntemperatur von 75–85 °C herausgenommen. Soll das Fleisch hingegen zerfallen, bleibt es im Smoker, bis es eine Kerntemperatur von 93–95 °C hat.

Das Fleisch herausnehmen, in Fleischerpapier einschlagen und eine halbe Stunde lang ruhen lassen, bevor es zum Servieren tranchiert wird.

ÜBER PORK BELLY

Pork Belly, oder Schweinebauch, wie es auf Deutsch heißt, kann man ja bekanntlich zu Bacon, Porchetta und vielen anderen Dingen verarbeiten. Schweinebauch hat viele Fettschichten und wird dadurch bei richtiger Zubereitung sehr saftig und bekommt viel Geschmack. Probieren Sie auch einmal, die Schwarte dran zu lassen und sie vor dem Servieren knusprig zu braten. Das verändert das Aussehen und hebt den Geschmack in ganz neue Dimensionen …

PORK BELLY BURNT ENDS

Dies ist ein magisches Rezept für den Fall, dass Sie wider Erwarten etwas geräucherten Pork Belly übrigbehalten sollten. Das Fleisch in grobe Würfel schneiden mit gleichen Teilen Rub und Rohzucker würzen. Dann das Fleisch mindestens 1 Stunde bei 125 °C smoken, ohne den Deckel zu öffnen. Umrühren und weiter smoken, bis es eine schöne Kruste und einen herrlichen Rauchgeschmack hat. Am besten in Brot servieren.

PORK BELLY SANDWICH HAWAII

Ein von der Südsee inspiriertes Sandwich bereiten Sie aus gerösteten Buns,
einigen Scheiben warmem Smoked Pork Belly (Seite 83), einem Klecks Soy
& Ginger Slaw (Seite 139) und Ananas Salsa (Seite 146) zu.

FINGERLICKIN' PORK BELLY

Dieses Gericht haben wir vor einigen Jahren in unser Programm aufgenommen, als Åkerberg sich von der koreanischen Küche inspirieren ließ. Den gesmokten Schweinebauch zweimal frittieren und dann in eine süß-scharfe Sauce legen, die an den Fingern klebt – das muss ja einfach gut werden!

1 KG SMOKED PORK BELLY, IN 3 X 3 CM GROSSE STÜCKE GESCHNITTEN
120–180 G KARTOFFELMEHL
1 EL BACKPULVER
1 EL SALZ
1 PORTION FINGERLICKIN'-SAUCE, SIEHE REZEPT IN DER NÄCHSTEN SPALTE
ZUM BESTREUEN:
EINIGE FRÜHLINGSZWIEBELN, KLEINGESCHNITTEN
ZWIEBELN, GEWÜRFELT UND GERÖSTET
ÖL ZUM FRITTIEREN

Das Mehl, das Backpulver und das Salz in einer Schüssel vermischen. Die Schweinebauchwürfel mit der Mehlmischung panieren und das überschüssige Mehl in einem Sieb gründlich abschütteln.

Das Öl in einem Topf oder einer Fritteuse auf 150–160 °C erwärmen. Das Fleisch in mehreren Portionen jeweils 3-4 Minuten lang frittieren, sodass es eine schöne Farbe bekommt. Herausnehmen und auf Küchenpapier abtropfen lassen.

Kurz vor dem Servieren das Öl auf 170–180 °C erhitzen und das Fleisch noch einmal 2–3 Minuten frittieren, damit es knusprig wird.

Parallel dazu eine Pfanne mit Fingerlickin'-Sauce erwärmen, das frisch frittierte Fleisch hineinlegen und umrühren. Auf Portionsteller geben und mit Frühlingszwiebeln und gerösteten Zwiebeln bestreuen.

FINGERLICKIN'-SAUCE

Eine Sauce, die beim bloßen Lesen des Rezepts vielleicht etwas süß und zuckrig erscheint, deren Geschmack aber durch die Säure von „richtigem" Ketchup, Essig, Chilisauce und dem unverzichtbaren Gochujang ausgeglichen wird. Gochujang ist eine koreanische Chilipaste mit einem ganz besonderen Geschmack und Duft. Diese Sauce passt auch hervorragend zu Geflügel, Garnelen, Lachs, Blumenkohl, usw.

3 EL RAPSÖL
1 EL KNOBLAUCHPULVER
200 ML KETCHUP
150 ML MAISSIRUP
150 ML GOCHUJANG, KOREANISCHE CHILIPASTE
50 ML SRIRACHASAUCE
2 EL WEISSWEINESSIG
100 ML WASSER
1 1/2 TL SALZ

Alle Zutaten in einer Schüssel vermischen. Im Kühlschrank aufbewahren.

SMOKED BACON

Bacon ist Bacon, oder? Wenn Sie das erste Mal Ihren eigenen Bacon hergestellt haben, werden Sie den Unterschied erkennen und diese feuchten, fertig geschnittenen Stücke aus dem Supermarkt nicht mehr essen wollen.

Ausrüstung: Offset Smoker, Big Green Egg oder ein anderer Keramikgrill. Es funktioniert aber auch ein großer Kugelgrill mit indirekter Hitze.

2 KG SCHWEINEBAUCH, MIT ODER OHNE SCHWARTE
140 G GROBES SALZ
3 EL SCHWARZER PFEFFER, GROB GEMAHLEN
2 TL NITRITSALZ
100 G ROHZUCKER

Das Salz, den Pfeffer, das Nitritsalz und den Rohzucker vermischen.

Die Gewürzmischung auf dem ganzen Schweinebauch verteilen und dann das Fleisch auf ein Blech oder in eine Form legen und mit Frischhaltefolie abdecken.

Das Fleisch 2–4 Tage im Kühlschrank durchziehen lassen, je nachdem, wie dick der Schweinebauch ist und wie viel Geschmack er annehmen soll.

Das Fleisch herausnehmen und unter fließendem kalten Wasser abspülen. Schnell mit Küchenpapier abtrocknen.

Das Fleisch mit der fetteren Seite nach oben auf einen Rost legen und im Smoker oder im Backofen 3–4 Stunden bei einer Temperatur von 45–55 °C trocknen lassen.

Die Temperatur im Smoker auf 67–75 °C erhöhen und das Fleisch weitere 2–4 Stunden smoken. Die Kerntemperatur sollte mindestens 65 °C betragen, ehe es herausgenommen werden kann. Wenn Sie besonders viel Rauchgeschmack haben möchten, senken Sie die Temperatur im Smoker auf 65 °C und nehmen das Fleisch heraus, wenn der von Ihnen gewünschte Rauchgeschmack erreicht ist.

Den Schweinebauch abkühlen lassen und sorgfältig in Butterbrotpapier einwickeln. Den Bacon mindestens einen Tag vor dem Anschneiden im Kühlschrank liegen lassen. Dabei entfaltet sich auch der Rauchgeschmack.

WHOLE HOG

Als wir das Skylight Inn in Ayden, South Carolina, besuchten, sahen wir dort einen Smoker, den wir auch unbedingt bei uns in Bräcke haben mussten. Im Skylight Inn werden jede Woche 30–40 Schweine geräuchert und meistens als Chopped Pork serviert. Wir sind immer noch dabei zu lernen, die Whole-Hog-Technik zu meistern, die nicht die leichteste ist. Diese Zubereitungsart ist sehr zeit- und arbeitsintensiv, aber nach der Fertigstellung wird man dafür entschädigt, sowohl optisch als auch geschmacklich. Mehr über Whole Hog und den Bau eines Fire Barrels für Kohle erfahren Sie auf Seite 29.
Wenn Sie das Chopped Pork wie im Skylight Inn würzen wollen, verwenden Sie nur Salz, schwarzen Pfeffer, Hot Sauce und Weißweinessig.
Legen Sie Wert auf eine knusprige Schwarte, denken Sie daran, das Schwein vor dem Smoken so auf dem Rost zu platzieren, dass Sie es leicht drehen können. Wenn das Fleisch gar zu werden beginnt, drehen Sie das Schwein herum, sodass die Schwarte nach unten zeigt. Füllen Sie etwas neue glühende Kohle auf und sorgen Sie dafür, dass die Schwarte von der direkten Hitze erreicht wird. Beobachten Sie dann die Schwarte, damit sie nicht zu sehr verbrennt. Eine dünne verbrannte Kruste kann man immer von der Schwarte entfernen. Das geht aber nicht mehr, wenn die Schwarte durch und durch verbrannt ist.

Ausrüstung: Whole Hog Smoker und Fire Barrel. Gitter zum Wenden des Schweins. Axt oder Säge, Injektionsspritze, Pinsel für den Pit Mop, Gummihandschuhe.

1 GANZES SCHWEIN, 50–60 KG
2–3 PORTIONEN HOG INJECTION, SIEHE SEITE 153
1 PORTION PIT MOP, SIEHE SEITE 152
GROBES SALZ
SCHWARZER PFEFFER, GROB GEMAHLEN

Das Fleisch mit dem Bauch nach oben auf die Arbeitsplatte legen.

Mit einer Axt oder Säge ein Stück vom Kopf und einen Teil des Beckens einschneiden, sodass das Schwein richtig flachgedrückt werden kann.

Die unteren Teile der Beine abschneiden oder absägen, denn diese haben nicht viel Fleisch und verbrennen außerdem schnell. Außerdem wird dadurch das Schwein kleiner und leichter zu handhaben. Einige schneiden die Ohren ab und andere auch den ganzen Kopf, da dieser ebenfalls leicht verbrennt.

Mit einer Marinadenspritze Injektionsflüssigkeit in die Muskeln des Schweins spritzen, aber darauf achten, kein Loch in die Schwarte zu stechen. Wenn Sie das Gefühl haben, genügend Flüssigkeit injiziert zu haben, spritzen Sie noch einmal so viel hinein. Die Muskeln sollen wie kleine, mit Flüssigkeit und Fleisch gefüllte Ballons aussehen. Am wichtigsten ist das Injizieren der Flüssigkeit im vorderen und hinteren Eisbein sowie im Kotelettstrang. Wenn Sie keine Flüssigkeiten mehr hineinbekommen, lassen Sie das Schwein 1–2 Stunden ruhen, damit die Flüssigkeit sich verteilen kann.

Währenddessen wird die Innenseite des Schweins mit einigen Handvoll Salz und eventuell

auch Pfeffer oder anderen Gewürzen eingerieben.

Das Schwein mit dem Bauch nach unten in den Smoker heben. Etwas Pit Mop Sauce oder Essig auf die Schwarte pinseln und mit einigen Handvoll Salz würzen.

Die glühende Kohle nehmen wir von einem Fire Barrel, das wir mit reichlich Holz befeuert haben. Etwas glühende Kohle unten in den Smoker geben und darauf achten, dass eine Temperatur von 120–150 °C erreicht wird. Der Deckel muss richtig geschlossen sein.

Das Schwein 3–4 Stunden smoken und für eine gleichmäßige Temperatur sorgen, indem bei Bedarf mehr Kohle hinzugefügt oder eventuell ein Ventil geöffnet wird.

Den Smoker öffnen und das Schwein jede Stunde einpinseln, bis es fertig ist. Das Ganze dauert etwa 12–15 Stunden, je nach Schwein, seiner Größe und der Temperatur.

Etwa 1 Stunde, bevor das Fleisch weich und gar ist, nach ca. 7–8 Stunden Smoken, das Schwein umdrehen, sodass es mit der Schwarte nach unten liegt. Weiter smoken, aber darauf achten, dass

keine Kohle direkt unter dem Schwein liegt, denn dann beginnt die Schwarte zu verbrennen.

Wenn man die Knochen aus dem Fleisch ziehen kann, ist es so gut wie fertig. Probieren Sie das an verschiedenen Stellen des Schweins und schauen Sie, dass die Knochen sich überall leicht herausziehen lassen. Einige Knochen herausnehmen, das Fleisch zupfen und mit mehr Pit Mop Sauce als Würzung bepinseln. Darauf achten, dass die Sauce vom Fleisch aufgenommen wird.

Das Schwein aus der Hitze nehmen oder den Smoker ausbrennen lassen. Ein Paar gute Gummihandschuhe oder Thermohandschuhe mit Latexhandschuhen darüber anziehen und das Fleisch aus dem Tier nehmen.

Man kann die Portionen zum Servieren entweder von unterschiedlichen Teilen des Schweins nehmen oder es zu Pulled Pork oder Chopped Pork verarbeiten. Wenn die Schwarte knusprig geworden ist, kleine Stücke davon abschneiden und als Chips dazu servieren.

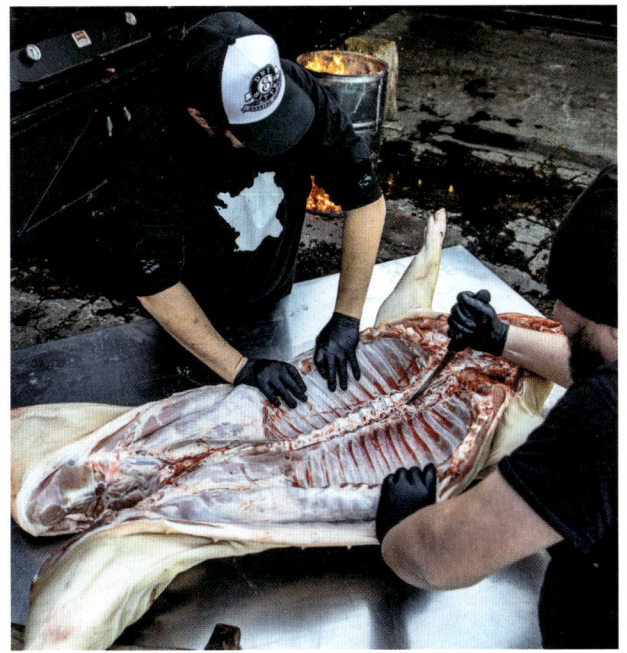

1. Mit einer Axt oder Säge ein Stück des Kopfes und einen Teil des Beckens einschneiden, sodass das Schwein richtig flachgedrückt werden kann.

2. Mit einer Marinadenspritze Injektionsflüssigkeit in die Muskeln des Schweins spritzen. Darauf achten, kein Loch in die Schwarte zu stechen.

3. Das Schwein mit einigen Handvoll Salz und eventuell auch Pfeffer oder anderen Gewürzen einreiben.

4. Das Schwein stündlich mit Pit Mop einpinseln, bis es fertig ist. Das dauert etwa 12–15 Stunden, je nach Größe des Schweins und Temperatur des Smokers.

WÜRSTE

Wir hatten das Glück, während unserer Zeit hier in Bräcke mit einigen tolle Wurstherstellern zusammenzuarbeiten. Gemeinsam mit ihnen haben wir einige hervorragende Würste entwickelt, die sehr gut in unser Sortiment passen.

Damit die Würste beim Räuchern und Grillen saftig bleiben, muss die Wurstmasse einen hohen Fettgehalt, also mindestens 20 % haben. Wir bereiten die Wurstmasse zu, füllen sie in Därme und trocknen dann die Würste einige Stunden, bevor wir sie bei 60–70 °C bis zur richtigen Kerntemperatur räuchern und dann schnell abkühlen. Bei einer Bestellung legen wir sie dann auf den Grill oder geben sie für eine Weile in den Smoker.

JALAPEÑO-CHEDDAR

Klassische Texas-BBQ-Wurst, unserer Meinung nach ein Muss. Wir haben verschiedene Varianten getestet und sind schließlich bei dieser gelandet. Da sie leicht geräuchert und zubereitet ist, kann man sie auch kalt essen. Oder man legt sie einfach auf den Grill, wenn einem danach ist.

Ausrüstung: Offset Smoker, Big Green Egg oder ein anderer Keramikgrill. Es funktioniert aber auch ein großer Kugelgrill mit indirekter Hitze. Fleischwolf und Wurststopfer, Küchenmaschine mit Wurstaufsatz oder Trichter.

1,8 KG SCHWEINELENDE, IN WÜRFELN, 3 X 3 CM
1 KG HOCHRIPPE, IN WÜRFELN, 3 X 3 CM
1 FLASCHE HELLES LAGERBIER, 33 CL, EISKALT
12 G CHILIFLOCKEN
12,5 G SCHWARZER PFEFFER, GROB GEMAHLEN
4 G INGWER, GETROCKNET UND GEMAHLEN
½ G LORBEERBLATT

4 G OREGANO, GETROCKNET
14 G PAPRIKAPULVER
75 G JALAPEÑOS
300 G CHEDDAR, GROB GEWÜRFELT
100 G CHEDDAR IN KLEINEN WÜRFELN, 3 X 3 MM
90 G SALZ
8–10 METER SCHWEINEDARM, GEWASCHEN

Das Fleisch, das Bier, die Jalapeños und der Käse sollten die gleiche Temperatur haben, je niedriger, desto besser, ca. 1–4 °C.

Das Fleisch mit dem Bier, den Gewürzen, den Jalapeños und 300 g Käse gut vermischen und mit mittelgrober Scheibe (8 mm) durch den Fleischwolf drehen.

Das gemischte Brät mit den Gewürzen in eine Küchenmaschine geben und bei niedriger Geschwindigkeit mit dem Schnitzlerflügel zerkleinern und dabei das Salz und die restlichen Käsewürfel hineingeben.

Die Küchenmaschine anhalten und etwas Wurstmasse zur Probe braten und probieren, ob Sie mit dem Geschmack zufrieden sind.

Die Därme mit Hilfe eines Wurststopfers, einer Küchenmaschine mit Wurstaufsatz oder eines Trichters mit der Wurstmasse füllen. Wenn sie gefüllt sind, die Würste auf die gewünschte Länge abbinden, zubinden und drehen und über Nacht kalt liegen lassen. Die Würste bei 60– 70 °C hängend im Smoker bis zu einer Kerntemperatur von 65 °C räuchern. Herausnehmen und schnell im Kühlschrank abkühlen lassen oder in kaltes Wasser tauchen. Zum Trocknen über Nacht in den Kühlschrank hängen. Verpacken oder zubereiten.

BEEF SAUSAGE

Bei Lockhart gab es die besten und fettigsten Würste, die wir auf unseren Reisen gegessen haben. Die muss man einfach probieren, wenn man schon einmal dabei ist. Wir haben etwas hin und her getestet und eine Variante entwickelt, die zu uns passt. Denken Sie jedoch daran, dass erst die enorme Menge Fett diese Wurst zu dem Star macht, der sie ist.

Ausrüstung: Offset Smoker, Big Green Egg oder ein anderer Keramikgrill. Es funktioniert aber auch ein großer Kugelgrill mit indirekter Hitze. Fleischwolf und Wurststopfer, Küchenmaschine mit Wurstaufsatz oder Trichter.

1,6 KG RINDERBRUST MIT 50 % FETTANTEIL, IN WÜRFELN VON 3 X 3 CM
400 G SCHWEINELENDE MIT 20 % FETTANTEIL, IN WÜRFELN VON 3 X 3 CM
42 G SALZ
6–7 G SCHWARZER PFEFFER, GROB GEMAHLEN
8–10 METER SCHWEINEDARM, GEWASCHEN

Das Fleisch sollte die gleiche Temperatur haben, je niedriger, desto besser, ca. 1–4 °C.

Die Rinderbrust einmal mit mittelgrober Scheibe (8 mm) durch den Fleischwolf drehen. Mit den Schweinelendenwürfeln und den Gewürzen vermischen und noch einmal durch dieselbe Scheibe des Fleischwolfs drehen. Alles zu einer homogenen Masse vermischen.

Ewas von der Wurstmasse zur Probe braten und probieren, ob Sie mit dem Geschmack zufrieden sind.

Die Därme mit Hilfe eines Wurststopfers, einer Küchenmaschine mit Wurstaufsatz oder eines Trichters mit der Wurstmasse füllen. Wenn sie gefüllt sind, die Würste auf die gewünschte Länge abbinden, zubinden und drehen und über Nacht kalt liegen lassen.

Die Würste bei 60–70 °C hängend im Smoker bis zu einer Kerntemperatur von 65 °C räuchern. Herausnehmen und schnell im Kühlschrank abkühlen lassen oder in kaltes Wasser tauchen. Zum Trocknen über Nacht in den Kühlschrank hängen und verpacken oder zubereiten.

CHIPOTLE GARLIC

Ein nach Knoblauch duftender Favorit für alle Wurstliebhaber.

Ausrüstung: Offset Smoker, Big Green Egg oder ein anderer Keramikgrill. Es funktioniert aber auch ein großer Kugelgrill mit indirekter Hitze. Fleischwolf und Wurststopfer, Küchenmaschine mit Wurstaufsatz oder Trichter.

1,65 KG SCHWEINELENDE, IN GROBEN WÜRFELN
870 G HOCHRIPPE, IN GROBEN WÜRFELN
60 G NITRITSALZ
2,4 G CAYENNEPFEFFER
1,2 G ZWIEBELPULVER
30 G KNOBLAUCHPULVER
1,2 G CHIPOTLEPULVER
1,2 G GERÄUCHERTES PAPRIKAPULVER
4,8 G SCHWARZER PFEFFER, GROB GEMAHLEN
3 G PETERSILIE, GETROCKNET
3 G CHILIFLOCKEN
300 ML WASSER
8–10 METER SCHWEINEDARM, GEWASCHEN

Das Fleisch, die Gewürze und das Wasser sollten die gleiche Temperatur haben, je niedriger, desto besser, ca. 1–4 °C.

Die Fleischwürfel mit den Gewürzen mischen und 30 Minuten ziehen lassen.

1,3 kg der Schweinelende und die Hälfte der Hochrippe mit mittelgrober Scheibe (8 mm) durch den Fleischwolf drehen. Das restliche Fleisch mit einer feinen Scheibe (3 mm) durch den Fleischwolf drehen. Das kalte Wasser untermischen.

Ewas von der Wurstmasse zur Probe braten und probieren, ob Sie zufrieden sind.

Die Därme mit Hilfe eines Wurststopfers, einer Küchenmaschine mit Wurstaufsatz oder eines Trichters mit der Wurstmasse füllen.

Wenn sie gefüllt sind, die Würste abbinden, zubinden und drehen und über Nacht kalt liegen lassen.

Die Würste bei 60–70 °C hängend im Smoker bis zu einer Kerntemperatur von 65 °C räuchern. Herausnehmen und schnell im Kühlschrank abkühlen lassen oder in kaltes Wasser tauchen. Zum Trocknen über Nacht in den Kühlschrank hängen und verpacken oder zubereiten.

GEFLÜGEL & LAMM

Wir arbeiten mit Maishähnchen, die wir aus Bjäre beziehen und eine wunderbare Qualität haben. Wir smoken sowohl ganze als auch halbe Hähnchen, und wenn wir Hähnchenkeulen zubereiten, machen wir das am liebsten in einem Keramikgrill mit kleinen Holzstücken in der Kohle. Wir haben auch eine Art Cupcakes zubereitet, deren Rezept wir von der Räucherlegende Myron Mixon bekommen haben.

Wir würzen die Hähnchen mit Rub und lassen Sie im Grill, bis sie eine Kerntemperatur von etwa 70 °C erreicht haben. Dann pinseln wir sie mit geschmolzener Butter ein und lassen Sie vor dem Servieren noch eine Weile im Wärmeschrank ruhen. Wir haben auch schon probiert, das Hähnchen einige Stunden vor dem Grillen oder Smoken in einer gewürzten Salzlake einzulegen, was ein saftigeres und aromatischeres Endergebnis bringt.

Ebenso wie das Schweinefleisch verträgt das Maishähnchen etwas höhere Temperaturen. Achten Sie nur darauf, dass die Haut nicht verbrennt. Ein guter Trick ist, mit einer etwas niedrigeren Temperatur zu beginnen und zum Schluss die Temperatur zu erhöhen, damit das Fleisch eine schöne Farbe und einen guten Geschmack erhält.

Lammfleisch ist recht mager und daher könnte man annehmen, dass es sich nicht so gut für BBQ eignet.

Normalerweise wird Lammfleisch ja gepökelt und kalt geräuchert. Wir haben aber gemerkt, dass auch Lammstücke im Smoker ausgesprochen lecker werden, wenn man Essigspray oder Injektionsflüssigkeit verwendet und die Temperatur des Smokers, die Kerntemperatur des Fleisches sowie die Zubereitungszeit überwacht.

BACKKARTOFFEL MIT PULLED CHICKEN

Geräucherte Backkartoffel mit Pulled Chicken gehört zu unseren Lieblingsgerichten. Entfernen Sie alle Knochen aus Ihrem frisch gesmokten Hähnchen und ziehen Sie das Fleisch mit den Fingern auseinander. Vermischen Sie das Fleisch mit einer guten Sauce, vielleicht Sweet Carolina, Holy's BBQ-Sauce oder HooDoo (siehe Kapitel Saucen) und legen Sie das Ganze für einige Minuten in den Smoker. Schneiden Sie ein Kreuz in die Oberseite Ihrer warmen – und am besten frisch gesmokten – Kartoffel, drücken Sie die Kartoffel auseinander und legen Sie ein Stück Butter hinein. Oben auf das Fleisch kommen noch etwas Bacon Slaw (Seite 139), ein Klecks Kimchi Mayo (Seite 148) und eine Handvoll Röstzwiebeln.

SMOKED CHICKEN

Wenn man dieses klassische gesmokte Hähnchen richtig zubereitet, erhält man ein ausgesprochen leckeres Hähnchenfleisch mit fantastischem Geschmack. Wir legen unsere Hähnchen immer für einige Stunden in Lake ein, was den Geschmack und die Saftigkeit erhöht. Das Tüpfelchen auf dem i ist das abschließende Bestreichen des Hähnchens mit geschmolzener Butter.

Ausrüstung: Offset Smoker, Big Green Egg oder ein anderer Keramikgrill. Es funktioniert aber auch ein großer Kugelgrill mit indirekter Hitze.

2–4 MAISHÄHNCHEN, GANZ ODER HALB
1 PORTION BRINE, SIEHE SEITE 153
50 ML CHICKEN RUB, SIEHE SEITE 151
100 G BUTTER, GESCHMOLZEN

Die Hähnchen in die Lake, bzw. Brine legen und 2–4 Stunden in den Kühlschrank stellen.

Den Smoker anfeuern und auf eine Temperatur von etwa 120–130 °C bringen.

Die Hähnchen aus der Lake nehmen, abtropfen lassen und, wenn gewünscht, halbieren.

Die Hähnchen mit Chicken Rub einreiben und 2–3 Stunden smoken, bis eine Kerntemperatur von 70 °C erreicht ist.

Kurz vor dem Herausnehmen aus dem Smoker mit geschmolzener Butter einpinseln. Einen etwas nussigeren Geschmack bekommt man mit gebräunter Butter.

Die Hähnchen herausnehmen, 10–15 Minuten ruhen lassen, in kleinere Stücke zerteilen und mit Beilagen servieren.

MYRONS CUPCAKES

Das Rezept für diese kleinen Leckerbissen haben wir vom BBQ-Weltmeister Myron Mixon bekommen, als er uns im Juli einige Tage in Bräcke besuchte. Servieren Sie sie mit einigen unserer Tischsaucen, oder vielleicht auch mit Rosenkohl, siehe Rezept auf Seite 128.

Ausrüstung: Big Green Egg oder ein anderer Keramikgrill. Es funktioniert aber auch ein großer Kugelgrill mit indirekter Hitze.

1 MUFFINFORM AUS SILIKON MIT LÖCHERN IM BODEN
UND PLATZ FÜR 6 MUFFINS
6 HÄHNCHENKEULEN, AM BESTEN VOM MAISHÄHNCHEN
50 ML CHICKEN RUB, SIEHE SEITE 151
300 G BUTTER
200 ML CRANBERRYKONFITÜRE ODER -GELEE
HOT SAUCE
SALZ
SCHWARZER PFEFFER, FRISCH GEMAHLEN

Den Smoker anfeuern und auf eine Temperatur von etwa 120–130 °C bringen.

Die Hähnchenkeulen entbeinen und mit Rub würzen. Jede Keule mit der Hautseite nach oben zusammenfalten, sodass sie in der Form Platz hat.

Die Fleischstücke einzeln mit der Hautseite nach oben in die Form drücken und jedes mit einem ordentlichen Stück Butter belegen, sodass insgesamt 200 g Butter verbraucht werden.

Die Form auf ein Blech oder in eine ofenfeste Form geben und in den Smoker stellen. Eine halbe Stunde bei indirekter Wärme smoken.

Mit der inzwischen geschmolzenen Butter bepinseln und weiter erhitzen, bis eine Kerntemperatur von 60 °C erreicht ist.

Die Konfitüre mit der restlichen Butter in einem Topf erhitzen und mit Hot Sauce, Salz und Pfeffer abschmecken. Jeden Cupcake mit der Konfitürenmischung bepinseln und noch einmal in den Smoker stellen. Die Wärme auf ca. 150 °C erhöhen und das Fleisch noch ein- bis zweimal einpinseln. Weitere 10–15 Minuten im Smoker lassen, bis sie eine Kerntemperatur von 70 °C haben.

Die Cupcakes herausnehmen, ein letztes Mal einpinseln und sofort mit den gewünschten Beilagen servieren.

SMOKED HOT WINGS

Dies sind eigentlich gesmokte Hähnchenflügel, die wir leicht marinieren und dann noch einmal smoken. Der Trick ist, die fertig gesmokten Hähnchenflügel in einer Sauce auf Zuckerbasis zu wenden, damit sie schön klebrig werden, und sie dann zurück in den Smoker zu legen, sodass die Sauce sich vor dem Servieren richtig mit dem Fleisch verbindet. Zum Essen einer Portion dieser Hähnchenflügel braucht man jede Menge Servietten.

Ausrüstung: Offset Smoker, Big Green Egg oder ein anderer Keramikgrill. Es funktioniert aber auch ein großer Kugelgrill mit indirekter Hitze.

1 KG HÄHNCHENFLÜGEL
50 ML CHICKEN RUB, SIEHE SEITE 151
150 G BUTTER
150 ML HONIG
1–2 EL HOT SAUCE
SALZ
SCHWARZER PFEFFER, FRISCH GEMAHLEN

Den Grill oder Smoker anfeuern und auf eine Temperatur von etwa 125–130 °C bringen.

Die Hähnchenflügel mit Chicken Rub einreiben und das Fleisch 20–30 Minuten ziehen lassen.

Die Flügel auf einem Rost im Smoker oder Grill ausbreiten, den Deckel schließen und bei gleicher Temperatur weiter smoken.

Nach etwa 30–40 Minuten einen Flügel herausnehmen und kontrollieren, ob er schon gar ist. Wenn nicht, den Smoker wieder verschließen und bis zur nächsten Probe 10 Minuten weiter smoken.

Während die Hähnchenflügel im Smoker oder Grill sind, die Butter in einem Topf schmelzen und bräunen. Wenn sie keine Blasen mehr wirft und goldbraun geworden ist, den Honig unterrühren und die Hot Sauce hinzufügen. Mit Salz und Pfeffer würzen.

Die fertigen Flügel durch die Buttersauce ziehen, sodass sie vollständig damit bedeckt sind. Dann die Hähnchenflügel für weitere 10–15 Minuten in den Smoker oder den Grill legen, am besten bei etwas höherer Temperatur von etwa 140–150 °C.

Die Flügel herausnehmen, auf einen Teller oder eine Servierplatte legen, mit eventuell übrig gebliebener Sauce begießen und mit einem kühlen Bier genießen.

GENERAL TSO'S CHICKEN

Dieses Gericht hatten wir als Spezialangebot auf unserer Speisekarte. Wir haben es von unserem Freund Joen, der sich im Internet jede Menge Genussvideos angeschaut und dabei diesen kleinen Leckerbissen entdeckt hat. Er hat viel experimentiert, um den richtigen Geschmack für die Sauce hinzubekommen, was ihm schließlich gelungen ist. Wir finden, sie rundet das ganze Gericht ab. Lecker, süß, aromatisch. Das Hähnchenfleisch gelingt am besten, wenn man mit einer niedrigeren Temperatur beginnt und nach dem Aufpinseln der Sauce die Temperatur erhöht. Bei Holy Smoke beginnen wir mit der Zubereitung zunächst im Smoker und beenden sie dann im Grill.

Ausrüstung: Big Green Egg oder ein anderer Keramikgrill. Es funktioniert aber auch ein großer Kugelgrill mit indirekter Hitze. Am besten funktionierte es, vorausgesetzt, man benutzt den Keramikgrill, mit einem Deflektor, natürlich mit geschlossenem Deckel.

8 MAISHÄHNCHENKEULEN
50–100 ML CHICKEN RUB, SIEHE SEITE 151
1 PORTION GENERAL-TSO-SAUCE, SIEHE SEITE 150
ROTER CHILI, IN SCHEIBEN
FRÜHLINGSZWIEBELN, IN SCHEIBEN

Den Grill anfeuern und auf eine Temperatur von etwa 110–120 °C bringen.

Die Hähnchenkeulen mit Chicken Rub einreiben und das Fleisch 20–30 Minuten ziehen lassen.

Die Hähnchenkeulen in den Grill hineinlegen und etwa 1–1 ½ Stunden bis zu einer Kerntemperatur von 70 °C erhitzen.

Die Temperatur auf 160–170 °C erhöhen, die Hähnchenkeulen mit etwas General-Tso-Sauce einpinseln und den Deckel wieder schließen.

Nach 5 Minuten den Deckel wieder öffnen, erneut einpinseln und weitere 5 Minuten erhitzen. Die Hähnchenkeulen herausnehmen, noch mehr Sauce darüber geben und mit etwas Chili und Frühlingszwiebeln servieren.

FRIED HOT CHICKEN

Ein klassisches Gericht, das man einfach essen muss, wenn man nach Nashville kommt. Wir haben alle möglichen Varianten getestet und finden, dass Prince's Hot Chicken Shack am besten schmeckt.

1 MAISHÄHNCHEN, IN 4–6 STÜCKE GETEILT
1 EL SALZ
1 ½ TL SCHWARZER PFEFFER, FRISCH GEMAHLEN
250 ML VOLLMILCH
2 EIER
1 EL HOT SAUCE
350 G WEIZENMEHL
2 TL SALZ
1 PORTION CHILITOPPING, SIEHE REZEPT IN DER NÄCHSTEN SPALTE
EINIGE SCHEIBEN GINGER & JALAPEÑOPICKLED CUCUMBER, SIEHE SEITE 140
ÖL ZUM FRITTIEREN
ZAHNSTOCHER

Die Hähnchenstücke mit 1 EL Salz und 1 ½ EL Pfeffer würzen, in eine Schüssel legen und mit Frischhaltefolie abdecken. 5–6 Stunden, alternativ über Nacht, im Kühlschrank marinieren lassen.

Die Milch, die Eier und die Hot Sauce in einer Schüssel verschlagen. In einer anderen Schüssel Mehl und 2 TL Salz vermengen.

Die Hähnchenteile in der Mehlmischung wenden, dabei an jedes Teil reichlich Mehl andrücken. Dann die Hähnchenteile in die Milchmischung tauchen und einige Minuten darin liegen lassen, damit etwas Flüssigkeit einzieht.

Die Teile nacheinander herausholen, die überschüssige Flüssigkeit abschütteln und das Fleisch wieder in die Mehlmischung legen, sodass es von allen Seiten mit Mehl bedeckt ist. Dann noch einmal in die Milch tauchen und das Ganze mit dem Wenden in der Mehlmischung abschließen.

Die Hähnchenteile auf einen Teller legen, bis alle Teile fertig vorbereitet sind. Falls noch Mehl übrig ist, über die Hähnchenteile streuen. Das Fleisch 2–3 Stunden oder über Nacht in den Kühlschrank stellen.

Das Öl auf ca. 160–165 °C erhitzen und jeweils 2–3 Hähnchenteile frittieren. Je nach Größe der Teile sind sie nach 15–20 Minuten fertig. Herausnehmen und abtropfen lassen. Jedes Hähnchenteil mit einer reichlichen Menge Chilitopping bestreichen und mit einigen Scheiben Gurke belegen, die mit einem Zahnstocher befestigt werden. Sofort servieren.

CHILITOPPING

150 G SCHMALZ ODER SPEISEÖL
1–2 EL CAYENNEPFEFFER
1 EL ROHZUCKER
1 TL SALZ
1 TL SCHWARZER PFEFFER, FRISCH GEMAHLEN
½ TL PAPRIKAPULVER
½ TL KNOBLAUCHPULVER

Das Schmalz in einem Topf schmelzen, aber darauf achten, dass es nicht zu heiß wird.

Je nach gewünschter Schärfe des Hähnchens eine individuelle Menge Cayennepfeffer unterrühren. Die restlichen Gewürze hineingeben und alles bei niedriger Temperatur 10 Minuten ziehen lassen.

RUTANS ÄGGAKAGA

In mehrfacher Hinsicht ein richtiger Klassiker. Dieser Ofenpfannkuchen ist ein südschwedisches Nationalgericht, das wir in der Variante des Traditionsgasthauses Rut på Skäret immer servieren, wenn wir unsere amerikanischen Pitmaster zu Besuch haben. Es gibt nur wenige Dinge, die einen Amerikaner mit Jetlag und einem Kater heilen können, und das sind ein Glas eiskalter Apfelmost und ein großer Teller Äggakaga auf der Terrasse des Restaurants Rut på Skäret.

Ausrüstung: Offset Smoker, Big Green Egg oder ein anderer Keramikgrill. Es funktioniert aber auch ein großer Kugelgrill mit indirekter Hitze.

CA. 8 PORTIONEN
500 G SMOKED BACON, SIEHE SEITE 88
16 EIER
125 ML VOLLMILCH
250 ML SCHLAGSAHNE
350 G WEIZENMEHL
SALZ
PREISELBEERKONFITÜRE

Den Smoker anfeuern und auf eine Temperatur von etwa 120–125 °C bringen.

Den Bacon braten und aus der Pfanne nehmen, das Bratfett zum Würzen des Pfannkuchenteigs aufheben.

Die übrigen Zutaten zu einem Teig verrühren und das Bratfett hinzufügen. In einer Bratpfanne im Smoker bei 120 °C braten und zwischendurch einige Male umrühren. Wenn der Ofenpfannkuchen fest geworden ist und an den Rändern Farbe bekommen hat, mithilfe eines Tellers umdrehen und noch einige Minuten von der anderen Seite bräunen.

Auf einen Teller stürzen und mit Bacon und Preiselbeerkonfitüre servieren.

LAMMKEULE

*Wir haben das Glück, einen fantastischen Schaf-
zuchtbetrieb – Kulla Lamm – ganz in unserer Nähe
zu haben. So brauchten wir uns nicht weiter auf die
Suche nach hochwertigem Lammfleisch zu machen.
Versuchen Sie Teilstücke mit Knochen zu bekommen
da diese saftiger und aromatischer werden, und testen
Sie dann, was für Sie funktioniert.*

Ausrüstung: Offset Smoker, Big Green Egg oder
ein anderer Keramikgrill. Es funktioniert aber
auch ein großer Kugelgrill mit indirekter Hitze.

1 LAMMKEULE MIT KNOCHEN, CA. 2 KG
100–200 ML OLIVENÖL
70-140 G GROBES SALZ
1–2 EL SCHWARZER PFEFFER, GROB GEMAHLEN
1 KNOLLE KNOBLAUCH, AUSEINANDERGEDRÜCKT
EINIGE ZWEIGE THYMIAN
EINIGE ZWEIGE ROSMARIN
1–2 ZITRONEN, ABGERIEBENE SCHALE UND AUSGEPRESSTER SAFT
50–100 ML HONIG
½ EL CHILIFLOCKEN
1 FLASCHE ESSIGSPRAY, SIEHE SEITE 153

Den Smoker anfeuern und auf eine Temperatur
von etwa 125–140 °C bringen.

Die Lammkeule rundum mit Öl einreiben. Mit
Salz und Pfeffer würzen und auf ein Blech legen.
Das Fleisch mithilfe eines scharfen Messers mit
dem Knoblauch spicken. Die Gewürze, die abge-
riebene Zitronenschale, den Zitronensaft und den
Honig auf dem Fleisch verteilen und alles mit
Chiliflocken bestreuen.

Die Lammkeule in den Smoker geben und bis
zur gewünschten Kerntemperatur smoken, ca.
55–57 °C für medium oder 95–98 °C, dann fällt
das Fleisch auseinander.

Wenn wir das Lammfleisch medium servieren,
nehmen wir es bei etwa 55 °C heraus, wickeln es
in Fleischerpapier und lassen es 15–20 Minuten
ruhen, bevor wir es tranchieren.

Wenn wir die Lammkeule bis 95–98 °C smoken,
sprühen wir sie nach 3-4 Stunden ein und wiederholen das Ganze noch 2 Stunden lang alle halbe
Stunde. Dann wickeln wir die Keule in Fleischerpapier ein und lassen sie bis zur richtigen Kerntemperatur weiter smoken. Danach nehmen wir sie
heraus und lassen sie vor dem Servieren ruhen, bis
die Kerntemperatur auf 70 °C gefallen ist.

GAUCHO LAMM

Ein kleines Lammgericht nach Cowboyart à la Argentina. Für dieses Gericht ziehen wir große Stücke Lammfleisch auf einen Spieß, in diesem Fall Entrecôte, damit wir etwas Fett im Fleisch erhalten. Dann besteht der Trick darin, das Fleisch laufend mit „Chiliwasser" einzupinseln, damit man während des Grillens Geschmack in das Fleisch bekommt. Natürlich kann man auch auf den Spieß verzichten und ganze Fleischstücke auf gleiche Art und Weise zubereiten. Das würzige und säuerliche Chimichurri passt hervorragend zu gegrilltem Fleisch.

Ausrüstung: Big Green Egg oder ein anderer Keramikgrill. Es funktioniert aber auch ein großer Kugelgrill.

1 KG LAMMENTRECÔTE
1 EL PAPRIKAPULVER, SÜSS
1/2 EL CHILIPULVER
1 TL SCHWARZER PFEFFER, FRISCH GEMAHLEN
2 EL SALZ
250 ML WARMES WASSER
1 PORTION CHIMICHURRI, SIEHE REZEPT IN DER NÄCHSTEN SPALTE
EINIGE SCHEIBEN GUTES BROT

Den Grill anzünden und eine ordentliche Glut vorbereiten.

Das Lammfleisch in zwei Teile teilen und auf Spieße ziehen.

Die Gewürze im warmen Wasser verrühren. Die Fleischspieße mit Chiliwasser bestreichen, bevor sie über die Glut gelegt werden.

Die Spieße ständig drehen und alle 3–4 Minuten mit der Flüssigkeit einpinseln, bis der gewünschte Gargrad erreicht ist. Wir bevorzugen rare bis medium mit einer Kerntemperatur von 53–56 °C.

Dann die Spieße vom Grill nehmen und ein letztes Mal einpinseln. Das Fleisch in Fleischerpapier einwickeln und 5–10 Minuten ruhen lassen.

Das Lamm dünn tranchieren und mit etwas Chimichurri vermischen. Mit etwas gutem Brot und eventuell einem Salat servieren.

Auf dem Foto rechts ist die alternative Zubereitung mit Fleischwürfeln gezeigt.

CHIMICHURRI

CA. 500 G GLATTE PETERSILIE, MIT STIEL GROB GEHACKT
8–10 KNOBLAUCHZEHEN, GESCHÄLT
1 ROTE ZWIEBEL, GROB GEHACKT
1 1/2 –2 TL PAPRIKAPULVER, SCHARF
1 ROTE SPANISCHE CHILISCHOTE, VORZUGSWEISE PIMIENTO PIQUILLO, GROB GEHACKT
1 EL OREGANO, FRISCH
150 ML ROTWEINESSIG
1 EL LIMETTENSAFT
350 ML OLIVENÖL
1–2 TL GROBES SALZ
1/2 –1 TL SCHWARZER PFEFFER, FRISCH GEMAHLEN

Alle Zutaten in einen Mixer geben und zu einer stückigen Sauce vermengen.

FISCH, MEERESFRÜCHTE & GEMÜSE

Verglichen mit Fleisch smoken wir nicht besonders viel Fisch, aber wenn wir es tun, dann wird er richtig lecker. Fisch und Meeresfrüchte sind empfindliche Rohwaren, die man möglichst schnell zubereiten sollte, wenn man sie nicht kalträuchert – und das können wir mit unseren Smoker nicht. Unsere Zubereitungsart ist etwa mit dem Zubereiten des Fisches im Ofen vergleichbar, allerdings bei recht niedriger Temperatur.

Der Fisch wird entweder mit Rub gewürzt oder in einer Lake mit einem Salzgehalt von ca. 10–20 % eingelegt. Lassen Sie die Rohware 30–60 Minuten den Geschmack der Würze annehmen, bevor sie in den Smoker gelegt wird. Damit der Fisch nicht zerkocht oder trocken wird, sollte ein Thermometer verwendet werden. Meeresfrüchte, wie beispielsweise Garnelen, bereitet man am besten tiefgefroren zu. Dadurch bleiben sie längere Zeit im Smoker und das von den Garnelen schmelzende Eis schafft zusätzliche Feuchtigkeit, durch die sich der Rauch besser auf die Rohware legt. Selbst tiefgefrorene Garnelen sind sehr schnell fertig, deshalb muss man sie die ganze Zeit im Auge behalten. Wenn man den Fisch oder die Meeresfrüchte nicht sofort isst, merkt man, dass der Rauchgeschmack am nächsten Tag oft stärker ist.

Die Smokertemperatur für Fisch liegt bei ca. 110–150 °C, für Meeresfrüchte etwas höher, bei ca. 120–160 °C. Tiefgefrorene Garnelen smoken wir jedoch bei 70–80 °C, während wir Austern bei richtig hohen Temperaturen, bei rund 300 °C, grillen.

Beim Smoken von Gemüse sollte man immer überlegen, welche Temperatur man wählt. Wollen Sie ein Gefühl von „getrocknetem" Gemüse erreichen, wie zum Beispiel bei Tomaten, Paprika und ähnlichem, sollten Sie die Temperatur unter 100 °C halten und dafür sorgen, dass das Gemüse möglichst lange Zeit im Smoker verbleibt. Wenn das Gemüse eher gegart werden soll, wie Backkartoffeln und Rote Bete, brauchen Sie etwas höhere Temperaturen, ca. 110–150 °C. Je höher die Temperatur, desto schneller ist das Gemüse fertig, und je niedriger die Temperatur, desto längere Zeit bleibt das Gemüse im Smoker, was einen stärkeren Rauchgeschmack zur Folge hat.

Denken Sie auch daran, dass Gemüse etwas Fett auf der Oberfläche braucht, bevor es in den Smoker gelegt wird. Manche Gemüsearten haben kein natürliches Fett, das den Rauchgeschmack aufnehmen kann, und müssen daher vorher mit Fett eingestrichen werden.

HEILBUTT VON DER ZEDERNPLANKE

Dieses Gericht haben wir bei einem Koch-Workshop mit Matt Pittman kennengelernt. Es ist ein recht einfaches Rezept, das sehr gut aussieht und fantastisch schmeckt. Probieren Sie auch andere Fischsorten wie Dorsch, Seelachs oder Lachs aus, wenn Sie keinen Heilbutt finden. Wir verwenden den Rub von Matt Pittman, den er unter der Marke Meatchurch vertreibt.

Ausrüstung: Offset Smoker, Big Green Egg oder ein anderer Keramikgrill. Es funktioniert aber auch ein großer Kugelgrill mit indirekter Hitze.

4 STÜCKE HEILBUTT À CA. 200–300 G
2 EL BELIEBIGER RUB
100–200 ML FLÜSSIGER HONIG
4 DÜNNE BRETTER AUS ZEDERNHOLZ, CA. 1 STUNDE GEWÄSSERT

Den Smoker anfeuern und auf eine Temperatur von etwa 120–125 °C bringen.

Auf jedes Brett ein Stück Fisch legen und mit einem beliebigen Rub würzen.

Den Fisch bis zu einer Kerntemperatur von 45 °C smoken. Honig auf den Fisch träufeln und die Temperatur im Smoker einige Minuten lang auf etwa 150 °C erhöhen.

Wenn er eine Kerntemperatur von etwa 50 °C erreicht hat, den Fisch herausnehmen und servieren.

SMOKED SHRIMPS

Garnelen lassen sich schnell und einfach smoken. Bringen Sie den Smoker auf eine Temperatur von 70–80 °C, legen Sie die tiefgefrorenen Garnelen hinein (so bekommen sie mehr Geschmack) und smoken Sie sie etwa 1 Stunde lang. Legen Sie die Garnelen mit einem Klecks Mayonnaise auf einen Teller und geben Sie Knoblauch, Hot Sauce, Salz, Pfeffer und Frühlingszwiebeln darüber. Mit Zitronenhälften servieren.

GEMOKTE ZWIEBELN

Im Smoker werden Zwiebeln süß und cremig und bekommen einen wunderbaren Rauchgeschmack. Halbieren Sie 1 kg verschiedene Zwiebeln (beispielsweise einfache Speisezwiebeln,
Rote Zwiebeln oder Silberzwiebeln). Lassen Sie die Schale dran. Die Schnittflächen mit Öl
bestreichen und mit Salz und Pfeffer bestreuen. Smoken Sie die Zwiebeln 2–3 Stunden bei
125–140 °C. Entweder sofort servieren oder für andere Gerichte verwenden, beispielsweise
ein Püree daraus zubereiten, das in Saucen oder Dressings gerührt werden kann.

GEGRILLTE AUSTERN

Gegrillte Austern schmecken einfach fantastisch und sind auch etwas für alle, die Austern ansonsten eher skeptisch gegenüberstehen. Wenn man, wie in diesem Fall, die Austern im eigenen Saft mit Butter und anderen leckeren Zutaten zubereitet, tut das dem Geschmack keinen Abbruch – im Gegenteil. Wie bei allen Meeresfrüchten, muss man jedoch sehr sorgfältig auf Zeit und Temperatur achten.

Und vergessen Sie um Gottes Willen nicht, vor dem Zubereiten an den geöffneten Austern zu riechen. Wenn sie nach etwas anderem als nach frischem Meer riechen, werfen Sie sie weg!

Ausrüstung: Big Green Egg oder ein anderer Keramikgrill. Es funktioniert aber auch ein großer Kugelgrill.

12 AUSTERN, GEÖFFNET
100 G BUTTER
2 FRÜHLINGSZWIEBELN, IN RINGE GESCHNITTEN
100 ML RED HOT KETCHUP, SIEHE SEITE 147
1 ZITRONE, IN ACHTELN
EINIGE SPRITZER HOT SAUCE
GROBES SALZ FÜR DAS BLECH
SCHWARZER PFEFFER, FRISCH GEMAHLEN

Den Grill anfeuern und auf eine Temperatur von 300 °C bringen.

Grobes Salz auf ein Blech oder eine Metallform geben, sodass der Boden gut bedeckt ist.

Die Austern in das Salz drücken, sodass sie stabil stehen. Auf jede Auster eine Butterflocke legen und mit Pfeffer würzen.

Das Blech auf den Grillrost stellen und den Grill schließen. Nach 2–3 Minuten kontrollieren, ob die Butter geschmolzen ist und die Austern sich etwas zusammengezogen haben. Wenn sie fertig sind herausnehmen, ansonsten weiter mit geschlossenem Deckel grillen und alle 1–2 Minuten kontrollieren.

Etwas Red Hot Ketchup auf die fertigen Austern träufeln und mit den Frühlingszwiebeln bestreuen. Mit Hot Sauce und Zitronenachteln servieren.

GEGRILLTER SPARGEL

Während der Spargelsaison im Frühling und Frühsommer ist dieses Gericht aus unserem Angebot nicht wegzudenken. Unser Nachbar, die Firma Kullasparris, baut eine etwas kräftigere und größere Spargelsorte an, die wir als Beilage oder für Spezialgerichte wie dieses verwenden. Wir versuchen immer, unseren grünen Spargel so einfach wie möglich zuzubereiten. Denken Sie daran, ihn lieber etwas früher als zu spät herauszunehmen, denn er soll ja noch etwas Biss haben.

Ausrüstung: Offset Smoker, Big Green Egg oder ein anderer Keramikgrill. Es funktioniert aber auch ein großer Kugelgrill mit indirekter Hitze.

1–2 BUND GRÜNER SPARGEL
OLIVENÖL
FLOCKENSALZ
SCHWARZER PFEFFER, FRISCH GEMAHLEN
PARMESAN-MAYO, SIEHE REZEPT IN DER NÄCHSTEN SPALTE

Den Smoker anfeuern und auf eine Temperatur von 125 °C bringen. Wenn Sie den Spargel eher grillen als smoken wollen, muss die Temperatur höher sein.

Den Spargel abspülen und unten 2–3 cm abschneiden. Wenn nötig, etwas schälen. Mit Öl beträufeln und mit Salz und Pfeffer würzen.

Den Spargel 10–15 Minuten bei 125 °C smoken oder schnell bei hoher Temperatur grillen, sodass er eine schöne Farbe und einen guten Geschmack bekommt. Sofort servieren und Parmesan-Mayo dazu reichen.

PARMESAN-MAYO
300 ML MAYONNAISE, SIEHE SEITE 148
100 ML FEIN GERIEBENER PARMESAN
1 EL ZITRONENSAFT, FRISCH GEPRESST
1–2 TL HOT SAUCE
SALZ
SCHWARZER PFEFFER, FRISCH GEMAHLEN

Die Mayonnaise mit dem Parmesan verrühren und mit Zitronensaft, Hot Sauce, Salz und Pfeffer abschmecken.

GESMOKTE JACKFRUCHT

Jackfrucht findet man in asiatischen Läden oft in Dosen. Sie lässt sich genau wie Pulled Pork auseinanderzupfen. Die Früchte mit etwas Öl bestreichen, mit einem beliebigen Rub würzen, auf ein Blech legen und 1–2 Stunden bei 120–130 °C smoken. Die Jackfruit mit zwei Gabeln pullen und mit etwas mehr Rub und eventuell einer Sauce vermischen.

GESMOKTE ROTE BETE

Rote Bete sind einfach lecker. Wenn man sie mit Öl bestreicht, wird der Rauchgeschmack noch intensiver. Stechen Sie die Rote Bete mehrmals mit einer Gabel ein und smoken Sie sie ca. 1 ½–2 Stunden bei 150 °C. Prüfen Sie mit einem Spieß oder einer Messerspitze, ob sie weich sind. Servieren Sie die Rote Bete so wie sie sind oder mit einigen großen Butterflocken, mit zerbröseltem Feta- oder Ziegenkäse oder mit Honig und Nüssen.

GERÖSTER ROSENKOHL

Da wir in anderen Rezepten auch Kohl verwenden, wollen wir auch diese leckeren kleinen Kugeln zubereiten. Dieses Gericht passt auch sehr gut als vegetarische Alternative. In dem Fall sollten Sie aber den Bacon weglassen, den Åkerberg unbedingt dabeihaben wollte.

Ausrüstung: Big Green Egg oder ein anderer Keramikgrill. Es funktioniert aber auch ein großer Kugelgrill mit indirekter Hitze.

500 G ROSENKOHL
200 G BACON IN SCHEIBEN
1 ZWIEBELN, IN DÜNNEN SCHEIBEN
2 KNOBLAUCHZEHEN, GEHACKT
SALZ
SCHWARZER PFEFFER, FRISCH GEMAHLEN
WEISSWEIN ODER HELLES BIER

Den Grill anfeuern und auf eine Temperatur von 200–250 °C bringen. Den Rosenkohl säubern, halbieren und gut abspülen.

Eine gusseiserne Pfanne in den Grill stellen, den Deckel schließen und die Pfanne warm werden lassen. Den Bacon in die Pfanne legen und fast knusprig braten. Die Zwiebeln und den Knoblauch dazugeben und weich werden lassen. Den Rosenkohl hineingeben und etwa 5 Minuten bei geschlossenem Deckel grillen. Den Deckel öffnen, umrühren und den Deckel wieder schließen.

Wenn der Rosenkohl fast fertig ist, mit Salz und Pfeffer würzen. Mit einem Schluck Wein oder Bier ablöschen, den Deckel wieder schließen und die Flüssigkeit in den Kohl einkochen lassen.

Die Pfanne vom Grill nehmen und sofort servieren, entweder als vegetarisches Gericht mit einer Sauce oder als Beilage zu Fleisch, Geflügel oder Fisch.

BBQ LEFTOVERS

Es passiert manchmal, wenn auch nicht oft, dass beim BBQ Reste übrigbleiben und da will man ja das Fleisch nicht einfach wieder aufwärmen. Stattdessen kann man es für neue Gerichte verwenden. Dies sind aber auf keinen Fall Verlegenheitsgerichte, denn wir glauben, Sie können hier sogar einige ihrer neuen Lieblingsgerichte finden. Natürlich können Sie diese Gerichte, wenn Sie möchten, auch als etwas Eigenständiges zubereiten.

Hier finden Sie ein paar richtig gute Gerichte zur Resteverwertung:
• Brisket Pizza (Seite 160)
• Taco con el gasto de barbacoa (Seite 166)
• Chaos Nachos (Seite 162)
• Pork Belly Burnt Ends (Seite 84)
• Fingerlickin' Pork Belly (Seite 87)
• Backkartoffel mit Pulled Chicken (Seite 100)
• Holy's BBQ Chili (Seite 132)
• Frito Pie – siehe rechte Spalte

FRITO PIE

Wollen Sie das so essen oder in der Tüte? Frito Pie ist eine Portion Chili, das elegant in einer Tüte Fritos Maischips serviert wird. Ein richtiger Klassiker im Süden der USA.

1 KLEINE TÜTE FRITOS MAISCHIPS ODER ANDERE CHIPS
100 ML HOLY'S BBQ CHILI, SIEHE SEITE 132
EINIGE SWEET PICKLED RED ONIONS, SIEHE SEITE 139
1 KLECKS CRÈME FRAICHE ODER SCHMAND
1 HANDVOLL GERIEBENENR KÄSE
EINIGE SCHEIBEN JALAPEÑO

Eine Fritos-Tüte öffnen, das warme Chili einfüllen und Sweet Pickled Red Onions, Crème fraiche, geriebenen Käse und Jalapeños darauf geben und direkt mit einer in die Tüte gesteckten Gabel servieren.

BEILAGEN

MAC 'N' CHEDDAR CHEESE

Mac 'n' Cheese … entweder man liebt es oder nicht.
Wir haben herumexperimentiert und sind auf diese
Variante gekommen, die allerdings nichts für eine
Diät ist. Besonders lecker ist es mit einigen Scheiben
frischer Jalapeño, die für die richtige Schärfe sorgen.

400 ML SCHLAGSAHNE
100 G GERIEBENER CHEDDAR
5 SCHEIBEN CHEDDAR
25 G BUTTER
1 PRISE CAYENNEPFEFFER
SALZ
SCHWARZER PFEFFER, FRISCH GEMAHLEN
500 G MAKKARONI, FRISCH GEKOCHT

Die Sahne aufkochen und auf 300 ml reduzieren.
  Vom Herd nehmen, die beiden Käsesorten und
die Butter dazugeben. So lange rühren, bis Käse
und Butter geschmolzen sind. Mit Cayennepfeffer,
Salz und Pfeffer abschmecken.
  Die Makkaroni hineinlegen und bei niedriger Temperatur erwärmen. Die Masse darf nicht
kochen. Noch einmal abschmecken. So wie es
ist servieren oder in eine ofenfeste Form füllen,
mit etwas zusätzlichem Käse und Semmelbröseln
bestreuen und im Backofen überbacken, bis das
Gericht eine goldbraune Farbe hat.

HOLY'S BBQ CHILI

Ein gutes Chili tut immer gut. Dieses wurde in aller
Schnelle entwickelt, ist aber ausgesprochen lecker.

Ausrüstung: Offset Smoker, Big Green Egg oder
ein anderer Keramikgrill. Es funktioniert aber
auch ein großer Kugelgrill mit indirekter Hitze.

300–400 G GERÄUCHERTES PULLED PORK, PULLED BEEF ODER
PULLED CHICKEN
500 ML PIT BEANS, SIEHE SEITE 133
200 ML HOLY'S BBQ SAUCE, SIEHE SEITE 144
1–2 EL HOT SAUCE
SALZ
SCHWARZER PFEFFER, FRISCH GEMAHLEN

Den Smoker anfeuern und auf eine Temperatur
von etwa 125 °C bringen.
  Alle Zutaten in eine ofenfeste Form legen und
mit Hot Sauce, Salz und Pfeffer abschmecken.
  Mindestens 1 Stunde im Smoker smoken und
nach etwa einer halben Stunde umrühren.
  Wenn das Chili warm ist, mit einigen leckeren
Toppings wie Sweet Pickled Red Onions, Chili
Pickles, Crème fraîche und Nacho Chips servieren. Wenn Sie den Smoker nicht extra anwerfen
wollen, können Sie das Chili auch im Backofen
oder in einem Topf erwärmen.

PIT BEANS

Eine einfache, aber unglaublich leckere Beilage für BBQ. Pit Beans werden in den USA sehr häufig zu BBQ serviert, und wir wollten eine Variante testen. Wir haben sie etwas süßsauer gemacht und dem europäischen Geschmack ein bisschen angepasst. Dieses Gericht wärmt an einem kühlen Frühlings- oder Herbsttag und ist auch eine gute Möglichkeit, BBQ-Reste zu verwerten. Hierbei ist es wichtig, keine Angst vor der erforderlichen Säure zu haben.

Ausrüstung: Offset Smoker, Big Green Egg oder ein anderer Keramikgrill. Es funktioniert aber auch ein großer Kugelgrill mit indirekter Hitze.

CA. 200–300 G FLEISCHWÜRFEL AUS ÜBRIG GEBLIEBENEM BRISKET, HOCHRIPPE, SHORT RIBS, PULLED PORK ODER WURST
1 GROSSE KÜCHENZWIEBEL, GESCHÄLT UND GEACHTELT
1 EL SPEISEÖL
1 KG GEMISCHTE GEKOCHTE BOHNEN (Z. B. PINTO, BLACK EYE UND KIDNEY), ABGEGOSSEN
200 ML BELIEBIGE BBQ-SAUCE
150 G BRAUNER ZUCKER
200 ML KETCHUP
100 ML WEISSWEINESSIG
1 EL SALZ
1 TL SCHWARZER PFEFFER, GROB GEMAHLEN

Eine ofenfeste Form mit dem Speiseöl einfetten, die Zwiebelachtel hineinlegen und für etwa 25–30 Minuten bei 175 °C im Ofen backen. Von Zeit zu Zeit umrühren. Wenn die Zwiebeln goldbraun sind, herausnehmen.

Den Smoker anfeuern und auf eine Temperatur von etwa 100–120 °C bringen.

Die Zwiebeln grob mixen und mit Bohnen, BBQ-Sauce, braunem Zucker, Ketchup und Essig mischen. Mit Salz und Pfeffer abschmecken und etwas Wasser hinzugeben. In den Kühlschrank stellen, bis die Bohnen für den nächsten Schritt erwärmt werden.

Die Bohnenmasse mit dem Fleisch in einer ofenfesten Form mischen. Etwa 1 Stunde smoken und bei Bedarf, wenn die Konsistenz zu dick geworden ist, mit etwas Wasser verdünnen. Wenn Sie das Gericht warmhalten wollen, stellen Sie Ihre Pit Beans in ein Wasserbad.

4XC – CREAMED CHILI CARROT CORN

Dieses Gericht ist unsere Version eines klassischen Creamed Corn, dem wir mit Karotten einen europäischen Touch und mit Jalapeño zusätzliche Schärfe verliehen haben. Wir sind sehr zufrieden damit und servieren es häufig bei Holy.

300 G MAISKÖRNER AUS DER DOSE
300 G KAROTTEN, GROB GERIEBEN
250 ML SCHLAGSAHNE
2 EL BUTTER
2 EL ZUCKER
250 ML VOLLMILCH
2 EL WEIZENMEHL
SALZ
SCHWARZER PFEFFER, FRISCH GEMAHLEN

TOPPING:
1 JALAPEÑO, IN DÜNNEN SCHEIBEN
100 ML PARMESAN, FEIN GERIEBEN
1 BUND FRÜHLINGSZWIEBELN, IN SCHEIBEN

Den Mais, die Karotten, die Sahne, die Butter und den Zucker in einem Topf vermischen. Aufkochen und einige Minuten köcheln lassen.

Etwas Milch mit dem Mehl verrühren und unter die Maismischung heben. Die restliche Milch hineingießen und alles unter Umrühren aufkochen. 5 Minuten köcheln lassen und mit Salz und Pfeffer abschmecken. Kurz vor dem Servieren die Jalapeño unterheben und mit Parmesan und Frühlingszwiebeln bestreuen.

CAROLINA SWEET SLAW

Eine Variante dieses Slaws konnten wir im Restaurant von Sam Jones, dem Skylight Inn BBQ, in Ayden probieren. Lecker und einfach, braucht aber etwas Zeit in der Vorbereitung. Dieser Slaw unterscheidet sich etwas von den geschnittenen Varianten, da er sehr fein gehackt oder sogar gemixt sein soll. Er schmeckt einfach umwerfend zu BBQ im Brot oder als Beilage.

Tag 1
2 KG WEISSKOHL, GROB GEMIXT ODER IN FEINERE STREIFEN GESCHNITTEN
70 G SALZ
50 ML WEISSWEINESSIG

Tag 2
150 G ZUCKER
200 G ANANAS AUS DER DOSE, ZERKLEINERT UND GUT ABGETROPFT
100 ML WEISSWEINESSIG
500–600 ML MAYO, SIEHE SEITE 148
1 TL SELLERIESALZ
1 TL SALZ
1/2 TL SCHWARZER PFEFFER, FRISCH GEMAHLEN

Tag 1: Den Kohl in einer Schüssel mit Salz und Essig vermengen, mit Frischhaltefolie abdecken und mit einem Gewicht beschweren. Über Nacht im Kühlschrank ziehen lassen.

Tag 2: Den Kohl gut abtropfen lassen und so viel Flüssigkeit wie möglich herausdrücken.

Die restlichen Zutaten unter den Kohl heben, die Mayonnaise in kleinen Portionen bis zur gewünschten Konsistenz unterrühren. Mit Salz, Pfeffer, Zucker und Essig abschmecken. Bis zum Servieren im Kühlschrank aufbewahren.

HOLY'S RED SLAW

Dieser Slaw stammt aus der Anfangszeit von Holy Smoke und wird ab und an immer noch angeboten. Eine einfache Variante mit schönen Farben und viel Säure. Passt zu den meisten BBQ-Gerichten.

CA. 1 1/2 KG ROTKOHL, IN FEINE STREIFEN GESCHNITTEN
2 KAROTTEN, GROB GERIEBEN
3–4 FRÜHLINGSZWIEBELN, IN FEINE SCHEIBEN GESCHNITTEN
100 ML RAPSÖL
50 ML APFELESSIG
SALZ
SCHWARZER PFEFFER, FRISCH GEMAHLEN

Den Kohl, die Karotten und die Frühlingszwiebeln in eine Schüssel geben, Öl und Essig darüber gießen und mit Salz und Pfeffer abschmecken.

Etwa 10–20 Minuten ziehen lassen und dann eventuell noch einmal mit Essig, Salz oder Pfeffer abschmecken.

FENNEL & APPLE SLAW

Ein leckerer und frischer Slaw, in dem wir keine Mayonnaise haben. Schmeckt gut zu Geflügel und Schweinefleisch, aber auch zu Fisch und Meeresfrüchten.

2 FENCHELKNOLLEN, IN DÜNNEN SCHEIBEN GEHOBELT
2 GRANNY SMITH-ÄPFEL, ENTKERNT UND IN FEINE SCHEIBEN GESCHNITTEN
4 FRÜHLINGSZWIEBELN, IN FEINE SCHEIBEN GESCHNITTEN
1 KNOBLAUCHZEHE, FEIN GEHACKT
2–3 EL OLIVENÖL
1 ZITRONE, DER SAFT
1/2 EL ROHZUCKER
SALZ
SCHWARZER PFEFFER, FRISCH GEMAHLEN

Den Fenchel und die Äpfel in einer Schüssel mit den Frühlingszwiebeln und dem Knoblauch vermischen. Das Öl und den Zitronensaft hinzufügen. Vorsichtig umrühren, damit die Äpfel nicht kaputtgehen und mit Zucker, Salz und Pfeffer abschmecken.

Carolina Sweet Slaw, Holy'S Red Slaw, Bacon Slaw,
Soy & Ginger Slaw und Fennel & Apple Slaw.

Sweet Pickled Red Onions, Ginger & Jalapeño Pickled Cucumber, Chilipickles, Pickled Green Tomatoes und Pickled Chili

BACON SLAW

Dies ist eigentlich ein ganz normaler Cole Slaw mit süß-sauren Aromen, wie sie besonders in Carolina beliebt sind. Bacon schmeckt natürlich immer, aber achten Sie darauf, ihn sehr knusprig zu braten, damit man etwas Crunch im Salat hat.

CA. 1 ½ KG WEISSKOHL, IN FEINE STREIFEN GESCHNITTEN
1–2 EL SALZ
400–500 ML MAYO, SIEHE SEITE 148
200–300 G BACON, IN STREIFEN GESCHNITTEN UND KNUSPRIG GEBRATEN
100 G ANANAS AUS DER DOSE, FEIN ZERKLEINERT UND ABGETROPFT
50 ML WEISSWEINESSIG
4 FRÜHLINGSZWIEBELN, IN SCHEIBEN GESCHNITTEN
1–2 JALAPEÑOS, IN SCHEIBEN GESCHNITTEN
SALZ
SCHWARZER PFEFFER, FRISCH GEMAHLEN
EVTL. HOT SAUCE

Den in Streifen geschnittenen Kohl salzen und 1–2 Stunden ziehen lassen. Soviel Flüssigkeit wie möglich aus dem Kohl drücken und ihn in eine Schüssel legen.

Den Kohl mit ⅔ der Mayonnaise vermischen und den Bacon, die Ananas und den Essig hinzufügen. Bei Bedarf mehr Mayonnaise unterrühren.

Die Frühlingszwiebeln und die Jalapeños unterheben, mit Salz, Pfeffer und evtl. etwas Hot Sauce abschmecken. Vor dem Servieren 1 Stunde ziehen lassen.

SOY & GINGER SLAW

Soja und Ingwer sind ja sehr lecker. Darum haben wir diese Aromen einmal mit mildem Spitzkohl und Mayonnaise kombiniert. Um das Ganze abzurunden haben wir noch etwas Sesamöl und frische Kräuter hinzugefügt. Passt gut zu Schweinefleisch, aber auch zu Geflügel, Rindfleisch und Fisch.

CA. 1 KG SPITZKOHL, IN FEINE STREIFEN GESCHNITTEN
300–400 ML MAYO, SIEHE SEITE 148

2 EL JAPANISCHE SOJASAUCE
1 EL SESAMÖL
2 KNOBLAUCHZEHEN, FEIN GERIEBEN
1 EL INGWER, FEIN GERIEBEN
50 G PETERSILIE, GROB GEHACKT
50 G KORIANDER, GROB GEHACKT
SALZ
SCHWARZER PFEFFER, FRISCH GEMAHLEN

Den Spitzkohl mit der Mayonnaise zu einer guten Konsistenz verrühren. Die Sojasauce, das Sesamöl, den Knoblauch und den Ingwer hinzufügen, die Konsistenz erneut prüfen und alles mit Salz und Pfeffer abschmecken. Vor dem Servieren Petersilie und Koriander unterheben.

SWEET PICKLED RED ONIONS

Sehr beliebt und lecker! Gesäuertes Gemüse, in diesem Fall Zwiebeln, schmeckt sehr gut zu Geräuchertem. Außerdem bekommen die roten Zwiebeln dabei eine wunderschöne Farbe, die den ansonsten braunen BBQ-Teller belebt. Sie können die Zwiebeln auch noch würzen, beispielsweise mit frischem Ingwer oder mit Chili.

100 ML BRANNTWEINESSIG, 12 %
100 G ZUCKER
200 ML WASSER
500 G ROTE ZWIEBELN, IN FEINE SCHEIBEN GESCHNITTEN

Den Essig, den Zucker und das Wasser in einen Topf geben und unter Umrühren erwärmen, bis der Zucker sich aufgelöst hat.

Auf unter 50 °C abkühlen lassen, die in Scheiben geschnittenen Zwiebeln hineingeben und umrühren. Über Nacht im Kühlschrank ziehen lassen.

GINGER & JALAPEÑO PICKLED CUCUMBER

Diese absolut toll schmeckende Gurke haben wir Åkerberg zu verdanken. Sie hält sich einige Tage im Kühlschrank, verliert aber nach 3-4 Tagen etwas an Farbe und wird dann eher bräunlich-grün.

1 GURKE, IN SCHEIBEN GESCHNITTEN
1/3 JALAPEÑO, IN DÜNNE SCHEIBEN GESCHNITTEN
2–3 SCHEIBEN INGWER
1 EL ZUCKER
1 TL SALZ
1 TL BRANNTWEINESSIG, 12 %
1/2 TL SCHWARZER PFEFFER, FRISCH GEMAHLEN

Alle Zutaten vermischen und einige Stunden im Kühlschrank ziehen lassen.

CHILIPICKLES

Da Holy Smoke auf einem alten Gurkenfeld liegt, müssen wir natürlich auch ein paar leckere Gurken-Pickles haben. Probieren Sie aus, von welchem Chili Sie Schärfe und Geschmack mögen und auch, welche Gurkensorte Ihnen zusagt. Wir haben kleine Einlegegurken gewählt, aber man kann auch Stücke von normalen grünen Gurken einlegen.

2 L WASSER
200 G MEERSALZ
100 ML SHERRYESSIG
2 KG EINLEGEGURKEN, GEWASCHEN
1/2 EL DILLSAMEN
6–10 ROTE SPANISCHE CHILISCHOTEN, VORZUGSWEISE PIMIENTOS PIQUILLO, LÄNGS GETEILT, ABER AM STIEL NOCH ZUSAMMEN-HÄNGEND
1 SOLOKNOBLAUCH, ZERDRÜCKT

Das Wasser, das Salz und den Essig in einer Schüssel vermischen, in der mindestens die doppelte Menge Flüssigkeit Platz hat. Umrühren, bis sich alles Salz im Wasser aufgelöst hat.

Die Gurken in das Salzwasser legen und den Dillsamen, den Chili und den Knoblauch hinzu-

fügen. Mit einem Deckel oder Frischhaltefolie abdecken. Am besten ein Gewicht auf die Gurken legen, sodass sie unter die Flüssigkeitsoberfläche gedrückt werden. In den Kühlschrank stellen.

Nach 1 Tag kann man die Gurken bereits essen, aber am besten schmecken sie nach 4–5 Tagen. Wenn man darauf achtet, die Lake nicht mit den Fingern zu berühren, halten sich die Gurken 1–2 Monate.

PICKLED CHILI

Dies sind wohlschmeckende und knackige Chili-Pickles, die sich eine ganze Weile halten.

1/2 KG GANZE CHILISCHOTEN, GEMISCHT ODER EINE SORTE
2 L 10-PROZENTIGE SALZLAKE (222 G SALZ AUF
2 L WASSER)
1 L WEISSWEINESSIG
5 EL APFELESSIG
3 TL ZUCKER
2 EL SALZ
EVTL. GEWÜRZE, Z. B. LORBEERBLATT, INGWER, KNOBLAUCH ODER DILLSAMEN

Die Chilischoten in eine Schüssel legen und mit der Salzlake übergießen. Über Nacht ziehen lassen.

Abgießen und die Chilischoten abspülen. Oben an den Schoten mit einer sauberen Nadel, Gabel oder Messerspitze kleine Löcher stechen.

Ein oder mehrere Gläser sterilisieren, entweder 10 Minuten bei 120 °C in den Backofen stellen oder 10 Minuten lang auskochen.

Die beiden Essigsorten mit dem Zucker, dem Salz und, falls gewünscht, den Gewürzen in einem Topf aufkochen. Vom Herd nehmen.

Die Chilischoten in den Topf legen und dabei fest hineindrücken, sodass die kleinen Löcher in den Chilischoten mit Flüssigkeit gefüllt werden. Die Chilischoten in die Gläser legen und die Essigmischung aufgießen. Die Gläser fest mit einem Deckel verschließen und abkühlen lassen.

PICKLED SMALL GREEN TOMATOES

Freunde von uns betreiben die Firma Vikentomater ganz in unserer Nähe. Da mussten wir natürlich auch ein Rezept mit Tomaten finden. Grüne kleine Tomaten kann man entweder leicht paniert braten oder, wie in diesem Rezept, zu leckeren Pickles verarbeiten.

1 ½ KG TOMATEN, AM BESTEN KLEIN, FEST UND GRÜN

2 L WASSER

1 EL SALZ

400 ML BRANNTWEINESSIG, 12 %

600 ML WASSER

500 G ZUCKER

3 SCHEIBEN INGWER

1 TL GEWÜRZNELKEN

2 LORBEERBLÄTTER

15 WEISSE PFEFFERKÖRNER

Die Tomaten waschen, den Stielansatz entfernen und mit einer Messerspitze einige Löcher in die Schale stechen.

2 Liter Wasser mit dem Salz in einem Topf aufkochen. Die Tomaten hineinlegen und maximal 1 Minute blanchieren. Dann die Tomaten herausnehmen und in einem Sieb abtropfen lassen.

Ein oder mehrere Gläser sterilisieren, entweder 10 Minuten bei 120 °C in den Backofen stellen oder 10 Minuten lang auskochen.

Währenddessen den Branntweinessig, 600 ml Wasser, den Zucker, den Ingwer, die Gewürznelken, die Lorbeerblätter und die Pfefferkörner zu einer Lake kochen. Die Lake ist fertig, wenn der Zucker sich aufgelöst hat.

Die Tomaten in den Topf legen und zugedeckt etwa 5 Minuten köcheln lassen. Die Tomaten herausnehmen und in das Glas oder die Gläser legen.

Die Lake noch einmal aufkochen und über die Tomaten gießen. Die Gläser sofort verschließen, abkühlen lassen und bis zur Verwendung kühl und dunkel lagern.

RELISH

Eine süß-saure Würzsauce mit Meerrettich-Geschmack, die hervorragend zu verschiedenen Fleischsorten, aber auch zu Fisch und Geflügel passt. Schälen Sie die Zutaten sorgfältig und berühren sie nach der Fertigstellung das Relish nicht mit den Fingern, dann hält es sich länger. Die Basis dieses Relishs ist Meerrettich, und wenn sie keine Rote Bete mögen, nehmen Sie stattdessen beispielsweise einfach Zitrusfrüchte.

2 TEILE MEERRETTICH, GESCHÄLT

1 TEIL ROTE BEETE, GESCHÄLT

1 TEIL ZUCKER

2 TEILE APFELESSIG

SALZ

Den Meerrettich und die Rote Bete zur gewünschten Konsistenz mixen, Zucker und Essig hinzufügen und das Ganze zu einer dickflüssigen Sauce verrühren. Mit Salz abschmecken. Bis zur Verwendung in einem Glas mit fest schließenden Deckel im Kühlschrank aufbewahren.

SAUCEN, MAYO, RUB & GLAZE

HOLY SMOKES TABLE SAUCES

Manchmal fehlt einem das gewisse Etwas zum BBQ-Fleisch. Dann kann so etwas Einfaches wie eine Sauce die Lösung sein. Bei unseren zahlreichen Reisen durch die Welt des BBQs und darüber hinaus haben wir gemerkt, dass wir außer unserem BBQ-Fleisch noch weitere Leckereien auf dem Tisch brauchen, die unsere Gäste selbst dazu kombinieren können. Wir haben einige klassische Saucen sowie ein paar eigene Favoriten herausgesucht, die wir im Laufe der Zeit entdeckt haben. Die sechs besten sind auf den vorhergehenden Seiten abgebildet. Wir konzentrieren uns auf das Smoken des Fleisches und der Gast wählt seine eigene Geschmacksrichtung. Die Saucen haben alle einen hohen Säureanteil, was hervorragend zu Gesmoktem passt.

HOLY'S BBQ SAUCE

Diese von Johan Fritzells Lebensgefährtin Anna kreierte Sauce hat uns bekannt gemacht, als wir noch am Anfang waren. Seitdem ist sie ein Muss bei Holy Smoke. Eine Allround-Sauce mit einem magischen Geschmack, die etwas Arbeit erfordert, den Aufwand aber allemal wert ist. Die Haltbarkeit der Sauce ist ebenso magisch (das haben wir getestet).

45 G GANZER ANCHO-CHILI, GETROCKNET
10 G GANZE CHIPOTLE-CHILISCHOTEN, GETROCKNET
1/2 L WASSER
200 G KÜCHENZWIEBEL, GROB GEHACKT
75 G SOLOKNOBLAUCH, GESCHÄLT UND ZERETEILT
2 TL KREUZKÜMMEL
200 G BRAUNER ZUCKER
100 ML JAPANISCHE SOJASAUCE
50 ML OLIVENÖL
1 EL BALSAMICOESSIG
2 EL WORCESTERSHIRESAUCE
400 G TOMATEN, GEHACKT

Die Ancho- und Chipotle-Chilis in einen Topf mit ½ Liter kochendem Wasser geben, vom Herd nehmen und zudecken. Etwa 30 Minuten stehen lassen.

Die Chilis aus dem Wasser nehmen (das Kochwasser aufheben) und zerteilen. Die Kerngehäuse und Stiele entfernen und den Rest in einen großen Topf mit dem Kochwasser und den übrigen Zutaten geben.

Aufkochen und 30 Minuten köcheln lassen. Ab und zu umrühren. Die Sauce glatt mixen und abkühlen lassen.

HOODOO BROWN'S MUSTARD SAUCE

In Ridgefield, Connecticut, liegt das HooDoo Brown BBQ, eines unserer absoluten Lieblingsrestaurants. Dort wurde uns diese fantastische Sauce serviert, die sowohl zu Geflügel als auch zu Schwein und Fisch passt. Sollten Sie einmal in der Nähe sein, müssen Sie dieses Restaurant unbedingt besuchen. Zum einen wegen des tollen BBQs und zum anderen wegen der gemütlichen Atmosphäre.

400 ML GROBER DIJON-SENF
50 ML APFELESSIG
125 ML DUNKLER SIRUP ODER BROTSIRUP
125 ML HONIG
3 EL BRAUNER ZUCKER
1 1/2 EL WORCESTERSHIRESAUCE
2 TL LOUISIANA HOT SAUCE

Die Zutaten in einer Schüssel vermengen und in Spritzflaschen füllen.

HOODOO BROWN LIGHT

Die gleiche Sauce, nur ohne Zucker.

100 ML GROBER DIJON-SENF
50 ML AMERIKANISCHER SENF
200 ML APFELESSIG
200 ML WEISSWEINESSIG
EINIGE TROPFEN HOT SAUCE
SALZ
SCHWARZER PFEFFER, FRISCH GEMAHLEN

Die Zutaten in einer Schüssel vermengen und mit Salz und Pfeffer abschmecken.

ALABAMA PINK (FORMERLY KNOWN AS WHITE)

Eine Variante einer klassischen, aus Alabama stammenden Sauce für Geflügel. Wir wollten der Sauce mit Sambal Olek ein wenig Schärfe verleihen. In kleinen Mengen hergestellt funktionierte das hervorragend und die Sauce blieb weiß. Als wir aber 10–20 Liter Sauce gemischt hatten, änderte diese schnell die Farbe und bekam so den Namen Alabama Pink, anstatt White.

250 ML FESTE MAYONNAISE
75–100 ML APFELESSIG
1 EL SAMBAL OELEK
1 TL WORCESTERSHIRESAUCE
1/2 TL SELLERIESALZ
1/2 TL CHILIFLOCKEN
1/2 TL CAYENNEPFEFFER
SALZ
SCHWARZER PFEFFER, FRISCH GEMAHLEN

Alle Zutaten in einer Schüssel vermengen und mit Salz und Pfeffer abschmecken.

WHOLE HOG

In Carolina wird viel Whole Hog, ganzes Schwein, gegessen, das 12–14 Stunden gesmokt und dann in kleine Stücke zu Copped Pork zerhackt wird. Dazu wird oft als einzige Beilage eine Sauce auf Essigbasis serviert, manchmal Texas Petes fertige Chili-Essig-Sauce. Wir haben diese Sauce für unsere Gerichte mit Schweinefleisch ausgewählt.

1 L APFELESSIG
2 EL BRAUNER ZUCKER
1 1/2 EL KETCHUP
1 1/2 EL HOT SAUCE
2 TL SCHWARZER PFEFFER, GROB GEMAHLEN PLUS ETWAS EXTRA ZUM GARNIEREN
2 TL CHILIFLOCKEN PLUS ETWAS EXTRA ZUM GARNIEREN
2 TL SALZ
5–10 GANZE CHILISCHOTEN, ROTE UND GRÜNE, SCHÄRFE NACH GESCHMACK

Den Essig mit dem braunen Zucker, dem Ketchup, der Hot Sauce, dem Pfeffer, den Chiliflocken und dem Salz in einer Schüssel vermengen. In jede der Dressing-Flaschen 3–4 Chilischoten geben, mit Chiliflocken und schwarzem Pfeffer bestreuen. Zum Schluss die Essigmischung einfüllen.

SWEET CAROLINA

Wie der Name verrät, kommt die Inspiration für diese Sauce aus South & North Carolina. Dort gibt es eine rote und eine gelbe Variante. Wir haben diese beiden Saucen kombiniert, und so wurde diese Sauce geboren, die jeden Tag auf den Tischen von Holy Smoke zu finden ist.

100 ML KETCHUP
100 ML APFELESSIG
1 EL WORCESTERSHIRESAUCE
1 EL HONIG
1 TL TABASCO
1 EL AMERIKANISCHER SENF
SALZ
SCHWARZER PFEFFER, FRISCH GEMAHLEN

Alle Zutaten in einer Schüssel vermengen und mit Salz und Pfeffer abschmecken.

MR MUSTARD

Der bekannte BBQ-Meister Myron Mixon verwendet eine Variante dieser Sauce für sein Pulled Pork. Wir haben ein bisschen mit den Zutaten experimentiert, um sie unserem Bräcke-Stil anzupassen. Mit Erfolg, finden wir. Und Sie?

$1/2$ L WEISSWEINESSIG
650 ML AMERIKANISCHER SENF
75 ML KETCHUP
150 G ZUCKER
250 G BRAUNER ZUCKER
1 EL CHILIFLOCKEN
1 EL KOREANISCHE CHILIFLOCKEN, GOCHUGARU
1 EL SCHWARZER PFEFFER, FRISCH GEMAHLEN

Alle Zutaten in einem Topf aufkochen und 20 Minuten unter ständigem Rühren köcheln und dann abkühlen lassen.

PINEAPPLE SALSA

Eine fruchtige Salsa, die zu allem passt. Besonders gut zu frisch geräuchertem Pork Belly. Falls man sie ein bisschen süßer haben möchte, einfach die Ananas zuerst auf den Grill legen – richtig lecker.

$1/3$ FRISCHE ANANAS, GEWÜRFELT
1 PFLAUMENTOMATE, ENTKERNT UND GEWÜRFELT
1 GRÜNE TOMATE, ENTKERNT UND GEWÜRFELT
2 FRÜHLINGSZWIEBELN, IN FEINE SCHEIBEN GESCHNITTEN
1 JALAPEÑO, FEIN GEWÜRFELT
1 BUND KORIANDER, GEHACKT
2 EL OLIVENÖL
1–2 EL APFELESSIG
$1/2$ –1 EL ROHZUCKER
SALZ
SCHWARZER PFEFFER, FRISCH GEMAHLEN

Alle Zutaten in einer Schüssel verrühren und mit Salz und Pfeffer abschmecken. Vor dem Servieren 10–15 Minuten ziehen lassen.

BLUE CHEESE & SCALLION DRESSING

Ein Muss – passt zu Frittiertem und BBQ. Das Dressing sollte nicht ganz glattgerührt sein, sondern noch ein paar Käsestückchen enthalten.

300 ML MAYO, SIEHE SEITE 148
100 ML SCHMAND
1 EL WEISSWEINESSIG
350 G BLUE CHEESE, ZERKRÜMELT
1–2 FRÜHLINGSZWIEBELN, IN FEINE STREIFEN GESCHNITTEN
EINIGE SPRITZER HOT SAUCE
SALZ
SCHWARZER PFEFFER, FRISCH GEMAHLEN

Die Zutaten in einer Schüssel vermengen und mit Salz und Pfeffer abschmecken. Wenn nötig, mit etwas Sahne oder Wasser verdünnen.

RED HOT KETCHUP

Selbstgemachter Ketchup sollte eine Selbstverständlichkeit sein. Diese Variante ist etwas schärfer und passt gut zu Schwein und Geflügel. Der Ketchup ist relativ leicht zuzubereiten, das Wichtige ist aber, die genaue Balance zwischen Süß und Sauer zu finden.

1 KG STRAUCHTOMATEN, ZERTEILT
500 G ROTE SPANISCHE CHILISCHOTEN; VORZUGSWEISE PIMIENTOS PIQUILLO
150 ML APFELESSIG
1 KLEINE KÜCHENZWIEBEL, GEHACKT
400 G ZUCKER
1 EL SALZ

Die Stiele der Chilischoten entfernen. Alle Zutaten in einen Kochtopf geben, aufkochen und ½ Stunde köcheln lassen, bis alles weich ist.

Mit einem Handmixer zur gewünschten Konsistenz mixen und bei Bedarf etwas mehr Zucker oder Essig dazugeben. In Gläser füllen und in den Kühlschrank stellen.

GREEN TOMATO & JALAPEÑO KETCHUP

Eine leckere und säuerliche Sauce, die sich unser Freund Joen ausgedacht hat. Wir servieren sie zu Schwein und Geflügel im Brot. Sie schmeckt aber auch sehr gut zu Wurst oder Gemüse.

1 KG GRÜNE TOMATEN, ZERTEILT
5–15 JALAPEÑOS, JE NACH GESCHMACK
500 G ZUCKER
300 ML APFELESSIG
1 KÜCHENZWIEBEL, FEIN GEHACKT
1 EL SALZ

Die Stiele der Chilischoten entfernen. Alle Zutaten in einen Kochtopf geben und aufkochen. 45 Minuten köcheln lassen.

Mit einem Stabmixer zu einer Salsa-ähnlichen Konsistenz mixen. In saubere Gläser füllen und in den Kühlschrank stellen.

HOT CUCUMBER RELISH

Dieses Gurken-Relish ist lecker und leicht zuzubereiten. Es hält sich außerdem lange im Kühlschrank, falls man etwas zu viele Gurken gekauft hat.

3 GROSSE GURKEN, KERNGEHÄUSE ENTFERNT UND GEWÜRFELT
2 SILBERZWIEBELN, GEVIERTELT
2 ROTE PAPRIKA, ENTKERNT UND IN STÜCKE GESCHNITTEN
1 GRÜNE PAPRIKA, ENTKERNT UND IN STÜCKE GESCHNITTEN
1 JALAPEÑO, ZERTEILT
1 ROTE SPANISCHE CHILISCHOTE, VORZUGSWEISE PIMIENTO PIQUILLO, ENTKERNT UND IN STÜCKE GESCHNITTEN
2 EL GROBES SALZ
250 ML APFELESSIG
200 G ZUCKER
1 TL BRAUNE SENFKÖRNER
1 TL GELBE SENFKÖRNER

Die Gurke, die Zwiebeln, die Paprika, die Jalapeño und die Chilischote grob zerkleinern, am besten in einer Küchenmaschine. Mit Salz vermengen und 1–2 Stunden stehen lassen, bis sich Wasser ansammelt.

Die Flüssigkeit abseihen, das Gemüse kurz in kaltem Wasser abspülen und anschließend das restliche Wasser mit Hilfe eines Kochlöffels herausdrücken.

Den Essig, den Zucker und die Senfkörner aufkochen. Wenn sich der Zucker aufgelöst hat, das Gemüse dazugeben und 10–15 Minuten köcheln lassen. Vom Herd nehmen, abkühlen lassen, anschließend in Gläser füllen und diese gut verschließen. Im Kühlschrank aufbewahren.

MAYO

Diese Königin der Emulsionen braucht wohl keine nähere Vorstellung. Mayonnaise passt zu fast allem, und wenn nicht, dann liegt der Grund höchstwahrscheinlich in einer falschen Aromatisierung – deshalb erhalten Sie von uns ein paar zusätzliche Alternativen. Bereiten Sie am besten eine reichliche Menge Basis-Mayonnaise zu und testen Sie dann verschiedene Geschmackskombinationen.

3–4 EIGELB
1 EL WEISSWEINESSIG
½ EL DIJON-SENF
600 ML SPEISEÖL

Die Eigelb, den Essig und den Senf von Hand oder mit einem Handmixer luftig schlagen.

50 ml Öl hineingeben und weiter mixen. Dann das Öl in Portionen von 50-100 ml in die Mischung geben und dabei kontinuierlich mixen. Fortsetzen, bis das gesamte Öl aufgebraucht ist. Sollte die Konsistenz etwas zu dick sein, mit etwas Wasser verdünnen.

KIMCHI MAYO

1 L ABGETROPFTER KIMCHI
500 ML MAYO, SIEHE REZEPT OBEN
3-4 EL SESAMÖL
SALZ
SCHWARZER PFEFFER, FRISCH GEMAHLEN

Den Kimchi auf die gewünschte Größe zerschneiden. Wenn möglich, noch mehr Flüssigkeit herauspressen. Den Kimchi mit der Mayonnaise vermischen und mit Sesamöl, Salz und Pfeffer abschmecken.

Wer noch mehr Geschmack in der Mayonnaise haben möchte, kann etwas von der herausgepressten Kimchi-Flüssigkeit einrühren. Die Mayonnaise im Kühlschrank aufbewahren.

SMOKED MAYO

1 PORTION MAYO, SIEHE REZEPT IN DER LINKEN SPALTE

Den Smoker anfeuern und auf eine Temperatur von etwa 40–55 °C bringen.

Die Mayonnaise in einer Form verteilen. Je mehr Oberfläche sie bekommt, desto intensiver wird der Rauchgeschmack. Die Mayonnaise in den Smoker stellen. Darauf achten, dass die Temperatur nicht zu hoch wird, da sonst das Eigelb in der Mayonnaise fest werden kann. Je nach gewünschtem Rauchgeschmack ½–3 Stunden smoken. Ab und zu umrühren, sodass die Mayonnaise noch mehr Geschmack aufnimmt.

Abkühlen lassen und in einer luftdichten Verpackung im Kühlschrank aufbewahren. Der Rauchgeschmack wird oft nach 1 Tag noch stärker.

ROASTED ONION MAYO

500 ML MAYO, SIEHE REZEPT IN DER LINKEN SPALTE
200 ML RÖSTZWIEBELN
1–2 EL APFELESSIG
SALZ
SCHWARZER PFEFFER, FRISCH GEMAHLEN

Die Mayonnaise mit den Röstzwiebeln vermischen und mit Essig, Salz und Pfeffer abschmecken und im Kühlschrank aufbewahren.

CHILI HONEY MAYO

500 ML MAYO, SIEHE REZEPT IN DER LINKEN SPALTE
½ –1 EL HOT SAUCE
1 JALAPEÑO, ENTKERNT UND GEWÜRFELT
100 ML HONIG
1–2 EL APFELESSIG
SALZ
SCHWARZER PFEFFER, FRISCH GEMAHLEN

Die Mayonnaise mit der Hot Sauce, der Jalapeño und dem Honig vermischen, mit Essig, Salz und Pfeffer abschmecken und im Kühlschrank aufbewahren.

GENERAL TSO'S SAUCE & GLAZE

Wieder einmal hatte Joen zu viele Munchies-Videos auf Vice geschaut und wollte eines Tages diese Sauce für Lammkeule testen. Die Sauce wurde richtig lecker, die Lammkeule allerdings war nicht der Erfolg, den wir uns vorgestellt hatten. Wir nahmen die Lammkeule aus dem Programm, behielten aber die Sauce bei, die auch gut als Glaze funktioniert.

200 ML REISESSIG
100 ML WEISSWEIN
100 ML JAPANISCHE SOJASAUCE ODER EINE ANDERE HELLE SOJASAUCE
50 ML CHINESISCHER SCHWARZER ESSIG
150 G ZUCKER
1 EL KNOBLAUCH, GERIEBEN
1 EL INGWER, FEIN GEHACKT
½ EL ROTE LEBENSMITTELFARBE
1–2 EL MAISSTÄRKE

Alle Zutaten außer der Maisstärke in einen Topf geben, aufkochen und ca. 10 Minuten köcheln lassen.

Die Maisstärke mit etwas Wasser vermischen und die Sauce zur gewünschten Konsistenz binden, etwas dünner für eine Sauce und etwas dicker zur Verwendung als Glaze. Zur Seite stellen und abkühlen lassen.

JALAPEÑO GLAZE

Bei Freedmen's in Austin wird eine Variante dieser Glaze für die Ribs verwendet. Sie schmeckte uns hervorragend und wir haben eine eigene Variante davon entwickelt. Zweck einer Glaze ist es, zunächst so viel Rauchgeschmack wie möglich in das Räuchergut zu bekommen und dann mithilfe einer Glaze Schärfe und Süße hinzuzufügen. Sie schmeckt auch gut zu Schweinefleisch, Geflügel, Weißfisch und Gemüse.

½ L APRIKOSENMARMELADE
100 ML APFELESSIG
2 EL JALAPEÑOS, IN SCHEIBEN
SALZ

Alle Zutaten in einer Schüssel gut verrühren und mit etwas Salz abschmecken.

RIB GLAZE

Die Inspiration für diese Glaze kommt aus Malaysia. Die Banane verleiht ihr ein exotisches Aroma und viel Geschmack. Bereitet man sie etwas dünner zu, ist es auch eine hervorragende Sauce. Wenn man sie nicht kocht, kann sie auch als Marinade für Fleisch verwendet werden.

200 G BRAUNER ZUCKER
200 ML KETCHUP
200 ML JAPANISCHE SOJASAUCE, KIKKOMAN ODER EINE ANDERE HELLE SOJASAUCE
200 ML SEVEN-UP
1 BANANE
3 ROTE SPANISCHE CHILISCHOTEN, VORZUGSWEISE PIMIENTOS PIQUILLO
1 EL KNOBLAUCH, GERIEBEN

Alle Zutaten in einem Mixer vermengen und so lange kochen, bis die gewünschte Konsistenz für eine Sauce oder Glaze erreicht ist.

BEEF RUB

Oftmals ist das Einfache das Beste. Wir verwenden einen Beef Rub für fast alle Rindfleischstücke, aber auch für einige Schweinefleischgerichte. In vielen Fällen mahlen wir den Pfeffer schon einen Tag vorher, damit der Geschmack nicht ganz so scharf wird. Wir stellen von dem Rub meist größere Mengen her, die wir in luftdichten Verpackungen aufbewahren.

½ L SCHWARZE PFEFFERKÖRNER
½ L MITTELMEERSALZ

Den Pfeffer auf die gewünschte Stärke grob mahlen und über Nacht in einer Schüssel ohne Deckel liegen lassen, damit der Geschmack an Intensität abnimmt. Das Salz untermischen und schon ist die Gewürzmischung fertig.

PORK RUB

Dieser Rub unterscheidet sich nicht allzu sehr von unserem Beef Rub. Das Paprikapulver bringt etwas Geschmack, aber vor allem Farbe. Auch hier wollten wir vor allem den Rauchgeschmack für sich sprechen lassen und daher weniger andere Gewürze verwenden. Das ist auch von Vorteil, wenn man zum Schluss mit einer Glaze arbeiten will.

$\frac{1}{2}$ L MITTELMEERSALZ
$\frac{1}{2}$ L SCHWARZER PFEFFER
100 ML PAPRIKAPULVER

Den Pfeffer auf die gewünschte Stärke grob mahlen und über Nacht in einer Schüssel ohne Deckel liegen lassen. Salz und Paprikapulver untermischen – fertig!

CHICKEN RUB

Da Hähnchenfleisch nicht so lange im Smoker bleibt, verwenden wir für unseren Chicken-Rub etwas mehr Gewürze. Probieren Sie auf der Basis Ihres Holzes und der Smokertemperatur, was für Sie am besten passt.

0,5 L MITTELMEERSALZ
300 ML ROHZUCKER
100 ML SCHWARZER PFEFFER, FRISCH GEMAHLEN
50 ML KNOBLAUCHPULVER
100 ML ZWIEBELPULVER
100 ML PAPRIKAPULVER
2 EL KREUZKÜMMEL
2 EL SELLERIESALZ
2 EL CAYENNEPFEFFER

Alle Zutaten in einer Schüssel vermischen und bis zur Anwendung des Rubs in einem luftdichten Behälter lagern.

MEMPHIS DRY RUB

Dieser Rub entstand nach einem Besuch in Nashville, da wir auch einmal Dry Ribs à la Peg Leg ausprobieren wollten. Passt gut zu Schweinefleisch, aber auch zu Geflügel, Fisch und Gemüse.

125 ML PAPRIKAPULVER
100 ML BRAUNER ZUCKER
75 ML MITTELMEERSALZ
2 EL KNOBLAUCHPULVER
1 EL SELLERIESALZ
1 EL CHILIPULVER
1 EL SCHWARZER PFEFFER, FRISCH GEMAHLEN
2 TL ZWIEBELPULVER
2 TL GETROCKNETER THYMIAN
2 TL GETROCKNETER OREGANO
2 TL COLMAN'S SENFPULVER
1 TL FENCHELSAMEN
$\frac{1}{2}$ TL CAYENNEPFEFFER
1 SPRITZER PIT MOP, SIEHE SEITE 152

Alle Zutaten vermengen und in der Gewürz- oder Kaffeemühle zu einem feinen Pulver mahlen. In einem luftdichten Behälter aufbewahren.

PIT MOP

Pit Mop wird verwendet, um dem Fleisch, vorwiegend ganzen Tieren, Feuchtigkeit und
Geschmack zuzuführen. Man kann ihn auch abseihen und als Spray für verschiedenes
Räuchergut verwenden. 2 Liter Weißweinessig, 2 Liter Wasser, ½ Liter Pork Rub (Seite 151),
½ Liter Rohzucker und 100 ml Chiliflocken in einem Topf vermengen. Den Saft von
3 Zitronen auspressen und alles erwärmen, bis der Zucker sich aufgelöst hat.
Abkühlen lassen und der Pit Mop ist fertig.

BRINE

Eine Pökellake, oder Brine, wie es auf Englisch heißt, ist ein Trick, um den Geschmack des Räuchergutes zusätzlich zu erhöhen und es noch saftiger zu machen. Darin legen wir ganze oder halbe Hähnchen, Lende, Schweineschultern usw. ein. Lassen Sie das Fleisch 2–4 Stunden im Kühlschrank in der Lake liegen. Dann herausnehmen, abtropfen lassen und die Lake weggießen. Man sollte das Fleisch nicht zu lange in der Lake liegen lassen, da sonst der gegenteilige Effekt eintreten kann.

4 L WASSER
280 G SALZ
250 G ZUCKER
1 KAROTTE, IN SCHEIBEN GESCHNITTEN
1 KÜCHENZWIEBEL, GEACHTELT
1 STANGE SELLERIE, IN STÜCKEN
1 LORBEERBLATT
1 BUND PETERSILIE
1 EL SCHWARZE PFEFFERKÖRNER
1 EL CAYENNEPFEFFER

Das Wasser mit Salz und Zucker aufkochen. Vom Herd nehmen und abkühlen lassen. Die Lake darf für den nächsten Schritt nur lauwarm sein. Die übrigen Zutaten hineingeben.

HOG INJECTION

Das Injizieren von Geschmacksstoffen mit einer Spritze kann das Räuchergut lecker und saftig machen. Wir verwenden diese Methode meist für ganze Tiere und manchmal auch für größere Fleischstücke. Wenn Sie ein ganzes Schwein von ca. 50–60 kg zubereiten wollen, müssen Sie die unten angegebenen Mengen verdoppeln oder verdreifachen.

1 L APFELESSIG
1/2 L APFELSAFT
1/2 L WASSER
2–4 EL HOT SAUCE
140 G SALZ
150 ML HONIG

Alle Zutaten in einen Topf geben und bei mittlerer Temperatur unter Umrühren erwärmen, bis Honig und Salz sich aufgelöst haben. Abkühlen lassen.

ESSIGSPRAY

Eine einfache Möglichkeit, dem Räuchergut im Smoker Feuchtigkeit und Geschmack zuzuführen. Funktioniert bei Schweinefleisch ebenso gut wie bei Rindfleisch und Geflügel. Sie können verschiedene Geschmacksrichtungen ausprobieren, aber denken Sie daran, dass das Sprühen das Wichtigste ist. Wenn die Gewürze zu grob sind, verstopft die Sprayflasche.

1/2 L APFELSAFT
1/2 L WEISSWEINESSIG
EVTL. EINIGE SPRITZER HOT SAUCE

Den Saft und den Essig vermischen und eventuell etwas Hot Sauce hinzufügen. Zum Auftragen eine Sprayflasche verwenden.

SNACKS
& DRINKS

PORK CLOUDS

Als wir in Charleston ankamen, begaben wir uns ins Swig & Swine, um eine Kleinigkeit zu essen. Es wurde aber ein Vier-Gänge-Menü, das mit einer Variante dieses Gerichts anfing. Leichte frittierte Schweineschwarten mit Honig-Tabasco und natürlich einem Dip dazu. Magisch!

500 G GETRIMMTE SCHWEINSCHWARTE
2–3 EL HOT SAUCE
100–200 ML FLÜSSIGER HONIG
2–4 L SPEISEÖL ZUM FRITTIEREN
1 PORTION BLUE-CHEESE-DRESSING, SIEHE SEITE 146
SALZ

Die Schwarten mit einer Küchenschere in ca. 3 × 3 cm große Stücke schneiden.

Wasser in einem Topf aufkochen und die Schwarten hineinlegen. Etwa 1 Stunde köcheln lassen, dann das Wasser abgießen und die Schweineschwarten auf einem Tablett abkühlen lassen. Das Tablett unbedeckt 4 Stunden zum Trocknen in den Kühlschrank stellen.

Eventuell vorhandenes Fett mit einem Messer von den Schwarten entfernen oder mit einem Löffel abkratzen. Anschließend mit etwas Abstand voneinander auf einem Rost verteilen und im Ofen bei etwa 76–82 °C ca. 8 Stunden trocknen, je länger desto besser. Abkühlen lassen.

Das Öl in einem Kochtopf oder einer Fritteuse auf mindestens 200–215 °C erhitzen. Die Schweineschwarten nacheinander hineingeben und ab und zu umrühren, bis sie fluffig geworden sind. Wieder aus dem Öl nehmen und abtropfen lassen. Mit ein wenig Salz oder einem anderen Gewürz würzen.

Hot Sauce und Honig darüber träufeln und ein Blue-Cheese-Dressing dazu servieren.

MICHELADA

Unglaublich erfrischend. Rauchsalz, Rohzucker und Chipotlepulver im Verhältnis 3:3:1 auf einen Teller verteilen. Den Rand des Glases mit einem Limettenachtel befeuchten und anschließend in die Salzmischung tauchen. Einige Achtel einer Limette in das Glas pressen und einige Tropfen Hot Sauce und Worcestershiresauce dazugeben. Ein kaltes, helles mexikanisches Bier darauf gießen und servieren.

JALAPEÑO & GINGER MEZCAL

Diesen Drink haben wir zum ersten Mal in der Garage Bar getrunken, und seitdem lässt er uns nicht mehr los. Die wichtigsten Bestandteile dieses Drinks sind Pimento Gingembre Ginger, aromatisiert mit Jalapeño. 4 cl Mezcal in ein Glas oder einen Becher gießen, ein paar Limettenachtel auspressen und zusammen mit dem Saft in das Glas geben. Anschließend mit Eiswürfeln auffüllen, eine Flasche Pimento aufgießen und mit einem Stück Jalapeño garnieren.
(Anmerkung: Pimento ist ein Erfrischungsgetränk mit Chili-Ingwer-Tonic-Geschmack)

BRISKET PIZZA

Die USA und Italien vereinen sich auf dieser Pizza mit Brisket – so können Sie die Reste des geräucherten Briskets vom Vorabend verwerten. Falls wider Erwarten etwas übrigbleiben sollte.

Ausrüstung: Big Green Egg oder ein anderer Keramikgrill oder ein Kugelgrill mit Deckel. Am besten gelingt es mit einem Pizzastein auf dem Rost.

PIZZATEIG (4–6 PIZZEN)
1–1,2 KG WEIZENMEHL
2 EL SALZ
1 PÄCKCHEN TROCKENHEFE
600 ML LAUWARMES WASSER, CA. 25–30 °C
MAIS- UND WEIZENMEHL ZUM KNETEN DES TEIGS
OLIVENÖL

1 kg Mehl, Salz und Hefe in eine Küchenmaschine geben. Das Wasser dazugießen und alles gründlich vermengen.

Den Rest des Mehls portionsweise hinzugeben, bis der Teig sich von den Seiten der Schüssel löst. Anschließend weitere 7–8 Minuten rühren. Bei Bedarf noch etwas Wasser hinzugeben. Den Teig zu einer Kugel formen, in eine mit Öl ausgepinselte Schüssel legen und mit Frischhaltefolie abdecken.

Bei Zimmertemperatur gehen lassen, bis der Teig sein Volumen verdoppelt hat. Den Teig auf eine Arbeitsfläche legen und zu 4–6 gleichgroßen Kugeln rollen. Diese anschließend auf ein mit Öl bepinseltes Blech legen, mit Frischhaltefolie abdecken und weitere 60 Minuten gehen lassen. Ein wenig Mais- oder Weizenmehl auf die Arbeitsfläche streuen und den Teig ausrollen oder flachpressen, sodass gleichmäßig dicke Pizzaböden entstehen.

TOMATENSAUCE (4–6 PIZZEN)
400 G GANZE TOMATEN AUS DER DOSE, Z. B. SAN MARZANO
1–2 EL OLIVENÖL
1–2 EL TOMATENMARK
1 PRISE SALZ

Die Tomaten zerkleinern oder passieren. Das Öl und das Tomatenmark dazu geben und zusammenrühren. Mit Salz abschmecken.

VORSCHLÄGE FÜR PIZZABELAG
50 ML TOMATENSAUCE
50 ML HOLY'S BBQ SAUCE, SIEHE SEITE 144
100 ML MOZZARELLA, GROB GERIEBEN
100 ML CHEDDAR, GROB GERIEBEN
100 G GESMOKTES BRISKET, DÜNN GESCHNITTEN
ETWAS HOT SAUCE
EVTL. NOCH WEITERER BELAG, WIE COCKTAILTOMATEN, ZWIEBELN ODER PAPRIKA

Den Grill anheizen und den Pizzastein auf den Rost legen. Den Deckel schließen und die Temperatur bei etwa 300 °C halten.

Den Teig dünn ausrollen und die Tomaten- und BBQ-Sauce darauf verteilen. Den Käse ebenso und bei Bedarf etwas Hot Sauce darüber träufeln, falls Sie es etwas schärfer mögen. Anschließend das Brisket und nach Wunsch noch einen anderen Belag auf der Pizza verteilen.

Eine Mischung aus Mais- und Weizenmehl auf den Pizzastein streuen und die Pizza auf den Stein platzieren. Am besten mit Hilfe einer Pizzaschaufel, ansonsten kann man die Pizza auch von einem Blech oder Backpapier auf den Pizzastein gleiten lassen.

Den Deckel auflegen und die Pizza 1–2 Minuten backen, bevor Sie schauen, ob sie fertig ist. Wenn nötig, noch ein paar Minuten weiterbacken. Die Pizza aus dem Ofen nehmen und direkt servieren.

CHAOS NACHOS

Nachochips auf ein Blech legen und in einem Smoker, einer Mikrowelle oder dem Backofen leicht erwärmen. Nach dem Erwärmen die Nachos mit einer großzügigen Menge Pulled Pork (siehe Seite 80), warmer Holy's BBQ Sauce (siehe Seite 144), Pickled Chili (siehe Seite 140), Sweet Pickled Red Onions (siehe Seite 139) und zu guter Letzt in Scheiben geschnittenen Frühlingszwiebeln bedecken.

BLOODY MARY

Ein Klassiker, der gut zum Brunch passt. Die folgenden Zutaten in ein
Cocktailglas geben: 4 cl gekühlten Wodka, 15 cl gekühlten Tomatensaft,
2 cl Zitronensaft, 2 cl Sud von eingelegten Oliven oder Salzgurken und
½ TL geriebener Meerrettich. Umrühren und mit Selleriesalz, schwarzem
Pfeffer und Hot Sauce abschmecken. Einige Eiswürfel ins Glas geben und
mit Spare Rib, Jerky, Sellerie, Jalapeño und einem Zitronenachtel garnieren.

BRÄCKE STYLE EGG

Nach einem großen BBQ-Essen in Bräcke und ein paar Bier in der Sonne, überkommt einen oft die Lust auf etwas mehr. Manche essen noch ein wenig BBQ und andere probieren unsere kleinen, besonderen Snacks, die über die Jahre entstanden sind. Einer dieser Snacks ist eine Variante des englischen Pub-Klassikers Scotch Eggs. Wir nehmen das Brät aus einer unserer Würste und geben ein wenig Käse dazu. Anschließend werden die Eier leicht geräuchert und schließlich alles paniert und frittiert. Zu den Eiern gehören einfach ein leckerer Dip und ein Bier.

1 KG FRISCHE WURSTBRÄT, Z. B. CHORIZO ODER SALSICCIA
6–8 SCHEIBEN CHEDDAR
6–8 EIER, 6–7 MINUTEN GEKOCHT, ABGEKÜHLT UND GESCHÄLT
70–140 G MEHL
1–2 EIER, GESCHLAGEN
200–300 ML PANKO ODER HERKÖMMLICHES PANIERMEHL
CHILI HONEY MAYO, SIEHE SEITE 148
ÖL ZUM FRITTIEREN

Die Wurstmasse in 6–8 Portionen aufteilen und jedes auf ein Stück Frischhaltefolie legen und auf ca. 20 x 20 cm plattdrücken. Je eine Scheibe Käse darauf legen und darauf dann ein gekochtes Ei. Den Käse und das Ei mit der Wurstmasse umschließen und zu einer Kugel formen.

Die Kugeln anschließend wie einen Knallbonbon in Frischhaltefolie einrollen und für 1–2 Stunden in den Kühlschrank legen.

Den Smoker anzünden und auf eine Temperatur von 40–50 °C erwärmen. Die Folie von den Kugeln nehmen und diese ca. 30 Minuten smoken. Aus dem Smoker nehmen und abkühlen lassen.

Wenn sie abgekühlt sind, die Kugeln erst in Mehl, dann in den geschlagenen Eiern und zum Schluss in Panko oder Paniermehl rollen. In eine Form legen und weitere 1–2 Stunden in den Kühlschrank stellen.

Das Öl in einem Kochtopf oder einer Fritteuse auf 160–170 °C erhitzen und 2–3 Eier gleichzeitig frittieren, bis sie goldbraun sind.

Aus dem Öl nehmen und auf einem Stück Küchenpapier abtropfen lassen. Mit einem leckeren Dip, z. B. der Chili Honey Mayo servieren.

TACO CON EL GASTO DE BARBACOA

Richtig leckere Tacos machen Sie am besten, in dem Sie schnell ein paar kleine Tortillas auf den Grill legen und mit Holys's Red Slaw (siehe Seite 136), Avocadoscheiben, Sweet Pickled Red Onions (siehe Seite 139) und einigen Scheiben geräuchertem Brisket belegen. Ein wenig Queso Fresco und Red Hot Ketchup (siehe Seite 147) darauf geben und Sie sind in kurzer Zeit im Taco-Himmel.

HOT BACON JERKY

Jerky ganz einfach zubereitet: Auf 250 g in Scheiben geschnittenen Bacon
2 EL Apfelessig und 1–2 TL Hot Sauce geben und eine knappe halbe Stunde
ziehen lassen. Den Bacon auf den Rost legen und mit einer Mischung aus
2 TL schwarzem Pfeffer und 100 g Rohzucker würzen. Anschließend bei
58 °C im Trockenofen oder einem herkömmlichen Ofen ca. 6 Stunden
trocknen. Ab und zu wenden.

BEEF HONEY JERKY

Als wir das letzte Mal mit dem Auto durch die USA gereist sind, besuchten wir ungefähr 20–30 verschiedene Restaurants. Wir sind zu der Erkenntnis gekommen, dass ein wenig Säure und Süße die wichtigen Bestandteile im Jerky sind und dass er nicht zu dünn oder zu hart sein darf. 300 g Hochrippe in 2 cm breite und 2 cm dicke Scheiben schneiden. 1 Stunde in einer Mischung aus 5 cl japanischer Sojasauce, 5 cl Honig, 2 EL Balsamico und 5 cl beliebigem Rub marinieren lassen. Bei 58 °C ca. 7–9 Stunden im Trockenofen oder einem herkömmlichen Ofen trocknen.

SWEET AND HOT SMOKED NUTS

½ kg Nüsse, z. B. Walnüsse, Mandeln oder Pekannüsse, in eine Schüssel geben und mit 100 ml japanischer Sojasauce, 50 g Rohzucker, 2 EL Apfelessig, eine Prise Meersalz und einigen Tropfen Hot Sauce vermischen. ½ Stunde ziehen lassen. Anschließend die Nüsse in einer Form bei 110–130 °C ca. 1 Stunde lang smoken, dann umrühren. So lange smoken, bis das gewünschte Raucharoma erreicht ist.

MARSHMALLOWS

Dies ist etwas, was wir schon immer bei Holy Smoke hatten und immer
haben werden. Fritzells Mutter Ulla ist auf diese brilliante Idee gekommen,
um die Kinder zu beschäftigen, damit die Eltern in Ruhe essen und ein Bier
trinken können. Die Marshmallows auf ein Holzstäbchen spießen und grillen, bis sie die gewünschte Farbe haben. In den Mund stopfen, aber Vorsicht,
sie sind heiß!

SÜSSE SACHEN

GRILLED CORN BREAD WITH STRAWBERRIES & CREAM

Es gibt verschiedene Auffassungen darüber, wie ein Corn Bread zu schmecken hat, und es scheint dabei zwei Lager zu geben. Diese Variante erinnert eher an Rührkuchen und wir finden deshalb, dass sie sich sehr gut als Dessert zusammen mit frischen Erdbeeren macht. Die Extrem-Variante des Corn Breads besteht aus Maismehl und Wasser, das gebacken und dann in Bacon-Fett gebraten wird – das kann sehr lecker, aber auch richtig trocken werden.

1 PORTION CORN BREAD, SIEHE NÄCHSTE SPALTE
300 ML SCHLAGSAHNE
2 EL PUDERZUCKER
1 TL VANILLEZUCKER
1 L ERDBEEREN, GEPUTZT UND HALBIERT
100 G FEIN GERIEBENE MILCHSCHOKOLADE

Das Corn Bread in lange Scheiben schneiden und kurz bei hoher Temperatur grillen. Die Sahne leicht mit Puderzucker und Vanillezucker schlagen. Das frisch gegrillte Corn Bread mit der Sahne und den Erdbeeren belegen und die Schokolade darüberstreuen.

CORN BREAD

Ausrüstung: Big Green Egg oder ein anderer Keramikgrill mit einem Deflektorstein, alternativ ein großer Kugelgrill mit indirekter Hitze. Eine ofenfeste Form, ca. 20 × 20 Zentimeter.

125 ML MILCH
2 EL HONIG
1 EI
4 EL BUTTER, GESCHMOLZEN
75 ML WASSER
125 ML ZUCKER
175 G MAISMEHL
175 G WEIZENMEHL
½ EL BACKPULVER
½ TL SALZ
BUTTER ZUM EINFETTEN

Den Grill anzünden und auf ca. 175 °C erhitzen.

Die Form mit einfetten. Die Milch, den Honig, das Ei, die Butter und das Wasser in einer Schüssel vermengen.

Den Zucker, das Maismehl, das Weizenmehl, das Backpulver und das Salz in einer anderen Schüssel verrühren. Die trockenen Zutaten unter die feuchten heben. Falls kleine Klumpen entstehen sollten, ist das kein Problem.

Den Teig in die Form füllen und im Grill mit Deflektorstein 25–35 Minuten grillen, oder im Ofen bei 175 °C backen, bis das Corn Bread sich trocken anfühlt. Etwas abkühlen lassen und in die gewünschte Größe und Form zerteilen.

MAPLE BACON CUSTARD

Åkerberg ist vor ein paar Jahren in den USA über diese Eisvariation gestolpert und sie ist ihm bei der Suche nach einem geeigneten Nachtisch für Holy Smoke wieder eingefallen. Fritzell spürte die passende Maschine in Kopenhagen auf, und schwups stand sie in Bräcke. Die Masse besteht zum größten Teil aus Eigelb und diese Maschine lässt die Masse schnell zu einem kompakten, cremigen Eis gefrieren. Anschließend können jede Menge Eis-Toppings verwendet werden. Falls Sie nicht in eine teure Custardmaschine investieren möchten, empfehlen wir Ihnen einen Quick-Custard: ein gutes Vanille-Eis bei Zimmertemperatur stehen lassen, bis es sich auf -5 bis -10 °C erwärmt hat. Anschließend das Eis schnell zu einer cremigen Konsistenz mixen und mit Topping servieren.

200 G CUSTARD ODER QUICK-CUSTARD
2 EL KARAMELLISIERTER BACON, SIEHE REZEPT RECHTS
1–2 EL AHORNSIRUP
1 EL MANDELSPÄNE, GERÖSTET

Den Custard in einen Eisbecher geben und mit Bacon, Sirup und Mandeln belegen. Schnell umrühren und gleich servieren.

KARAMELLISIERTER BACON

250 G BACON IN SCHEIBEN
100–150 G ROHZUCKER

Den Bacon auf mit Backpapier ausgelegten Blechen verteilen und mit reichlich Zucker bestreuen. Bei 200 °C 10–12 Minuten im Ofen backen, herausnehmen und die Scheiben umdrehen. Weitere 5–10 Minuten backen.

Aus dem Ofen nehmen und die Baconscheiben etwas abkühlen lassen, in kleinere Stücke schneiden und wieder auf das Blech legen. Für weitere 5–10 Minuten in den Ofen schieben, bis der Bacon knusprig ist.

Den Bacon in ein Sieb geben, abtropfen lassen und anschließend zum Abkühlen auf ein neues Backpapier legen. Servieren.

GRUNDREZEPT FÜR CUSTARD

500 ML VOLLMILCH
2 VANILLESTANGEN, DER LÄNGE NACH GETEILT
250 G ZUCKER
1/2 TL SALZ
6 EIGELB
1 L SCHLAGSAHNE

Die Milch mit den Vanilleschoten in einem Topf auf 80 °C erhitzen und anschließend vom Herd nehmen.

Den Zucker, das Salz und das Eigelb in einer Schüssel zu einer luftigen Konsistenz schlagen.

Die warme Milch nach und nach zu der Eiermischung geben. Die Vanillestangen herausnehmen und zur Seite legen.

Die Eiermasse zusammen mit den Vanilleschoten in den Topf zurückgeben und bei niedriger Temperatur auf ca. 85 °C unter ständigem Rühren erhitzen, bis die Masse dickflüssig wird. Anschließend vom Herd nehmen und einige Minuten weiterrühren. Dann durch ein Sieb in eine neue Schüssel füllen.

Abkühlen lassen, mit Frischhaltefolie abdecken und über Nacht, mindestens 6–8 Stunden, kaltstellen. Vorsichtig die Eimasse mit der Sahne verrühren, aber nicht schlagen. Die fertige Masse in einer Custard- oder Eismaschine mixen, bis die gewünschte Konsistenz erreicht ist.

BARBECUE COMMUNITY

COME AMIGOS
T'S GO TO MEXICO

NITA PIBIL
ZED PORKBELLY
ONANZA OF 120
ACHIOTE, ORANGE,
MAYO, CORN & SLAW
ANDWICH

WICH W 95.
PPED BEEF &
AN TOPPINGS

BRYGGERI ON TAP
AR 40.
O 50.
LER 40.
RY OUR
N CUSTARD
DESERT

BBQ PLA
STARTS AT 60. WITH SIDE
THEN ADD YOUR FAVOURITE!

BRISKET
SHORT RIB
PORKBELLY
CHICKEN THIGH
SAUSAGE
MEX BEANS
TOMATILLO
CREAM CHILI CORN

BOTTLED CRAFT BEER
STRAIGHT FROM MEXICO
JARRITOS 35.
GLAS OF WINE 75.

BBQ MIT OFFENEN ARMEN

Das Restaurant ist voller Gäste. Unter ihnen findet man nicht nur eine Kuh oder ein Schwein, sondern auch Fritzell, den mit dem Pferdeschwanz. Er redet fast ununterbrochen und gibt seine typischen Paradesprüche zum Besten, von denen einer der besseren wie folgt lautet: „Ist das nicht komisch, wir sind ja wohl außerhalb der USA die amerikanischste Nation der Welt. Wir sind verrückt nach Fleisch und Gegrilltem, lieben das und haben eine lange Tradition in langsam gegartem Fleisch. Wie kann es sein, dass noch keiner vor uns auf die Idee gekommen ist, richtiges BBQ zu machen?" Egal wie die Antwort auf diese Frage lautet, machen wir nichts lieber, als das, was wir gelernt haben, weiterzugeben.

Einer der stärksten Eindrücke auf unseren USA-Reisen war, wie unglaublich offen und warmherzig die Leute sind. Wir als Anfänger konnten mit vielen BBQ-Legenden reden, und alle waren interessiert daran, dass sich die BBQ-Kultur weiter ausbreitet. Diese Einstellung haben wir uns hier zu Hause zu unserem Leitbild gemacht. Viele beäugen uns etwas misstrauisch und fragen sich, ob es nicht ein bisschen dumm ist, wirklich alles zu erzählen, was wir gelernt haben. Habt ihr keine Angst vor Konkurrenz? Nein, wirklich nicht – the more the merrier!

Hinzu kommt, dass die Abstände zwischen den Rauchzeichen in Schweden viel zu groß sind. Willst du einen eigenen Laden aufmachen? Wenn wir Zeit haben, beantworten wir deine Fragen. Kommst du nach Bräcke und willst wissen, wie wir unsere Pit Beans gemacht haben, dann lass uns deine E-Mail-Adresse da und wir schicken dir das Rezept. Aber scheinbar hast du ja jetzt das Buch gekauft und da findest du das Rezept auf Seite 133 mit einem schicken Bild dazu. Wir haben fast keine Geheimnisse!

Unser Restaurant ist so ausgelegt, dass alles vor den Augen der Gäste passiert, mitten im Volksgetümmel zischt und dampft es aus Smokern, offenem Feuer, Smoke Barrels und Grills. Mit den keramischen Grills, die wir in Bräcke haben, versuchen wir auch den Abstand zwischen BBQ und normalem Grillen zu verringern. Tatsächlich funktioniert BBQ-Smoken für den Hausgebrauch gut auf einem normalen Kugelgrill.

Eine weitere Sache, die zur Ausbreitung der BBQ-Kultur beiträgt, sind unsere Cooking Classes. Dank dieser haben wir nicht nur jede Menge neugierige und wissbegierige BBQ-Fans getroffen, sondern durften auch mit Leuten arbeiten, die Großartiges für die BBQ-Welt geleistet haben. Einige von ihnen lernen Sie auf den nächsten Seiten kennen.

MYRON MIXON

Mit vier WM-BBQ-Titeln ist Myron Mixon als Pitmaster unübertroffen. „The winningest man in barbecue" ist ein Beiname, den er sich wirklich verdient hat.

Diesen verwendet er auch für sich selbst, so wie es alle anderen tun. Denn so unglaublich es klingt, „The Old Man" bringt es immer noch: 2016 gewann er in Memphis bei der May World Championship zum vierten Mal den Weltmeistertitel.

Als Neunjähriger begann Myron Holz zu verbrennen, bis Kohle daraus wurde, die er dann in die Gruben unter Papa Jacks Smoker schaufelte. Jack betrieb ein BBQ-Unternehmen, starb aber 1996, im gleichen Jahr, in dem Myron begann, an Wettbewerben teilzunehmen. Von Anfang an kamen die Gewinne, denn die Grundlage für Myrons Können war das, was er von Jack gelernt hatte.

„Als ich anfing mit den Wettbewerben, machte ich das, um davon leben zu können, während es für die meisten anderen lediglich ein Hobby war. Das war wirklich eine große Motivation für mich. Du denkst die ganze Zeit, was kannst du tun, um besser zu werden, welche neuen Geschmacksrichtungen finden sich, denn am Ende der Woche brauchst du den Gewinn, um deine Rechnungen bezahlen zu können."

Er hat, gelinde gesagt, einen sehr ausgefeilten Stil. Die silbergrauen Haare passen zum Bart in gleicher Farbe, und der wiederum passt mit der charakteristischen Brille zusammen, und das stets schwarze Hemd lässt ihn wie eine Kopie von sich selbst erscheinen, so wie man ihn aus der beliebten amerikanischen Fernsehserie BBQ Pitmasters und von den Umschlagseiten seiner Kochbücher her kennt. Der Geschäftserfolg mündete auch darin, dass er jetzt unter seinem eigenen Namen Smoker produziert und verkauft.

Um die Nummer Eins zu bleiben, muss man sich ständig wieder neu erfinden. Myron war einer der ersten, der den Geschmack von Süße in die BBQ-Wettbewerbe einbrachte, er mixte mit Früchten, während die anderen nur auf Essig setzten. Das ergab einen anderen Geschmack und war der Schlüssel zum Erfolg. Dennoch ist die Eigenschaft, die Myron am meisten schätzt, die Geduld:

„Patience, patience, patience. Beim BBQ musst du Geduld haben. Das gilt natürlich für die Zubereitung aller Speisen, aber beim BBQ ganz besonders. Man kann ein gutes Ergebnis nicht erzwingen, deshalb ist Geduld unglaublich wichtig. Man muss sich herantasten und ausprobieren, das hat viel mit Trial-and-Error zu tun. Höchstwahrscheinlich wird es beim ersten Mal nicht perfekt, aber dann machst du es nochmal und nochmal und immer wieder und wirst automatisch besser. Mit anderen Worten, dranbleiben und der Richtung folgen, denn das, was du willst, soll nichts Durchschnittliches sein. Du willst etwas, das herausragt – und dafür musst du dir Zeit nehmen, die Zeit, die es ganz einfach braucht, um richtig gut zu werden."

AARON
FRANKLIN

Aaron Franklin ist der Betreiber von Franklin Barbecue in Austin Texas, von dem viele meinen, es sei das beste BBQ-Restaurant der USA. Das Geheimnis seines Erfolgs ist einfach: harte Arbeit und dazu noch mal ein gutes Stück harte Arbeit obendrauf, möglicherweise mit ein paar guten Snacks gespickt und ab und an einem Bier zwischendurch.

Sich innerhalb von ein paar Jahren als bester BBQ-Standort der USA zu etablieren, ist, als ob man erfolgreich einen Sushi-Laden in Tokio aufmachen würde und gleich ganz oben kräht, wie der Hahn auf dem Mist. Ein Erfolg, der manch anderem den Kopf verdreht hätte, doch nicht so Aaron, der immer noch zu Hause auf seinem Hinterhof zu sein scheint, wo alles begann. Er kaufte sich einen Smoker und gutes Fleisch und fing an. Am Anfang hatte er keine Ahnung, was er da vorhatte, aber er wusste, dass er es liebte.

„Ich weiß noch, wie ich mein erstes Brisket machte. Ich nahm mir ein Bier, setze mich hin und schaute nach dem Feuer und es war supercool. Welch ein wunderbarer Augenblick und ich dachte bei mir, wäre doch eigentlich toll, irgendwann man einen BBQ-Laden aufzumachen. Von Anfang an war ich von dieser Idee besessen."

Für Aaron ging es immer darum, besser zu werden. Die Herausforderung ist, nicht dem vorhandenen Trampelpfad zu folgen, sondern stets zu versuchen, neue Pfade zu trampeln. Hinzu kommt, dass man niemals ausgelernt hat. Das hat Aaron zufolge keiner. Dank BBQ kam auch eine andere Seite von Aaron zum Zuge, nämlich seine Leidenschaft Dinge zu bauen. Aaron hat alle Smoker bei

Franklin BBQ selbst gebaut – was man als Besucher bei Holy Smoke vor Ort in Bräcke erleben kann. Viele wundern sich über das Ding, das aussieht wie die Mischung aus Raumschiff und einem amerikanischen Staubsauger und etwas weiter weg vom Eingang steht. Aber das ist ein von Aaron gebauter Smoker, der über Miami für einen Kochkurs hierher gebracht wurde.

„Das ist ja nun mal so beim BBQ, dass es schwierig ist, Sachen von anderen zu verwenden. Fast nie mache ich irgendwas außerhalb meines eigenen Restaurants. Portland, Oregon und Chicago waren die Ausnahmen und da habe ich auch meine Ausrüstung, so wie jetzt auch in Bräcke."

Vor sieben Jahren hat er seinen eigenen Laden aufgemacht, damals noch in einem Trailer.

„Ich arbeitete dort jeden Tag und an den Wochenenden war meine Frau Stacey dabei und half. Sie hatte damals noch ihren regulären Job und bezahlte die Rechnungen und ich war am Smoken. Nach ein paar Monaten lief das Geschäft richtig gut und sie hörte auf zu arbeiten. Wir brauchten nicht viel Geld, wenn du ein bisschen was kriegst, wenn du ansonsten wenig hast, dann scheint das viel, so haben wir das gesehen."

Der Umsatz stieg stetig, und der große Sprung in Richtung eigenes Restaurant erfolgte ein Jahr später und erwies sich bald als richtige Entscheidung. Die Schlange vor dem Restaurant in 900 E 11th Street ist legendär. Die Leute stellen sich ab morgens 5–6 Uhr an, und es gilt einfach nur zu warten. Keiner wird vorgelassen, auch nicht, wenn man Kanye West heißt und mit einer Limousine vorfährt. Die einzige Ausnahme war Barack

Obama, als er als Präsident Franklin Barbecue besuchte.

„Er war faktisch der einzige, der sich jemals vorne angestellt hat, d. h. er hatte gar nicht gefragt, sondern ging einfach vor. Das war schon ok, vermutlich hatte er wenig Zeit. Ein wirklich netter Typ. Nachdem er gegessen hatte, blieb er noch einen Moment sitzen und redete mit den Leuten."

„Das Geheimnis von Franklin Barbecue ist die Kombination aus wunderbaren Leuten und richtig harter Arbeit. Arbeit ist durch nichts ersetzbar, du kannst keine Abkürzung nehmen und das gleiche Resultat erwarten, das gilt für alles. Hinzu kommt, dass ich morgens zur Arbeit gehe und dort einige meiner besten Freunde treffe, wie wunderbar ist das denn! So wollen wir weitermachen, d. h. das, was wir machen, gut machen, das Niveau halten, mit den richtigen Mitarbeitern. Nicht noch einen Laden eröffnen, sondern uns auf das konzentrieren, was wir haben. Wir sind nicht gierig, wir wollen nur glücklich sein und unser Ding machen. Das, was wir haben, reicht uns."

JONAS CRAMBY

Jonas Cramby hat sich mit seinem Buch Texas BBQ in einer eventuellen schwedischen BBQ-Akademie einen Platz auf Lebenszeit gesichert. Wenn es einen Meister Yoda des schwedischen BBQ geben sollte, dann hat Jonas gute Chancen. Sein Buch aus dem Jahre 2013 ist in Schweden das Standardwerk schlechthin und sein Vorwort endet legendär mit den sozusagen klassisch gewordenen BBQ-Bibelworten, Jonas 1:10: „BBQ ist Rauch, Fleisch und Liebe."

Zunächst war es sein Interesse für die amerikanische Rockmusik und Kultur, das ihn und seinen Kumpel Nikola um das Jahr 2000 in Richtung Westen zu Orten wie Memphis, Tennessee, und Austin, Texas, führte. Dabei entdeckte Jonas, dass die Tex-Mex- und Barbecue-Gerichte in den USA deutlich besser schmeckten und er wollte herausfinden warum. Er fing an, die Sache zu untersuchen, und es endete damit, dass Jonas und Nikola sich in einer Motorradgarage zu Hause in Stockholm aus einer Tonne einen Smoker bauten. Es war die Antwort auf einen einzigen Blogbeitrag, die ihn verstehen ließ, dass hier was im Gange war.

Als Erklärung dafür, dass das Interesse für Barbecue dermaßen entfacht war, findet Jonas, dass die These des Dagens-Nyheter-Kommentators Fredrik Strage durchaus zutrifft, dass Schweden eine Rockabilly-Nation sei.

„Die USA-Romantik ist auf dem Lande tief verwurzelt. Verbindet man diese mit einem zunehmend wachsenden kulinarischen Interesse im ganzen Land, scheint es nicht verwunderlich, dass Barbecue richtig groß wird."

Es gibt viele USA-Romantiker in diesem Land, die es gut finden, den ganzen Tag einfach dazustehen, Rockmusik zu hören, Bier zu trinken und auf das zu starren, was da gesmokt wird.

Fragt man nach Tipps, wie man besser wird im BBQ, meint Jonas, dass es wichtig sei, das Ganze zu sehen.

„Barbecue-Fans können mitunter ziemlich nerdig sein, vergraben sich in die Technik und in Diskussionen darüber, was richtig oder falsch ist. Das ist genau wie bei Fotografen, die nur über Tiefenschärfe und Brennweite diskutieren, statt über die Bilder zu reden. Es ist das Erlebnis insgesamt und der Prozess an sich, die einen Großteil der Sache ausmachen."

Eine Sache, die er auch gern anspricht, sind die Beilagen:

„Nichts gegen Fleisch und Coleslaw, aber es gibt so viele fantastische Beilagen, die BBQ auf neue Höhen bringt. In Austin gehe ich oft auch in Restaurants, die nicht nur reine BBQ-Shacks sind, einfach um neue Inspirationen zu bekommen, und auch hier zu Hause kann ich mir deren Speisekarten im Netz anschauen. Es gibt unglaublich viel Material, man muss nur googeln."

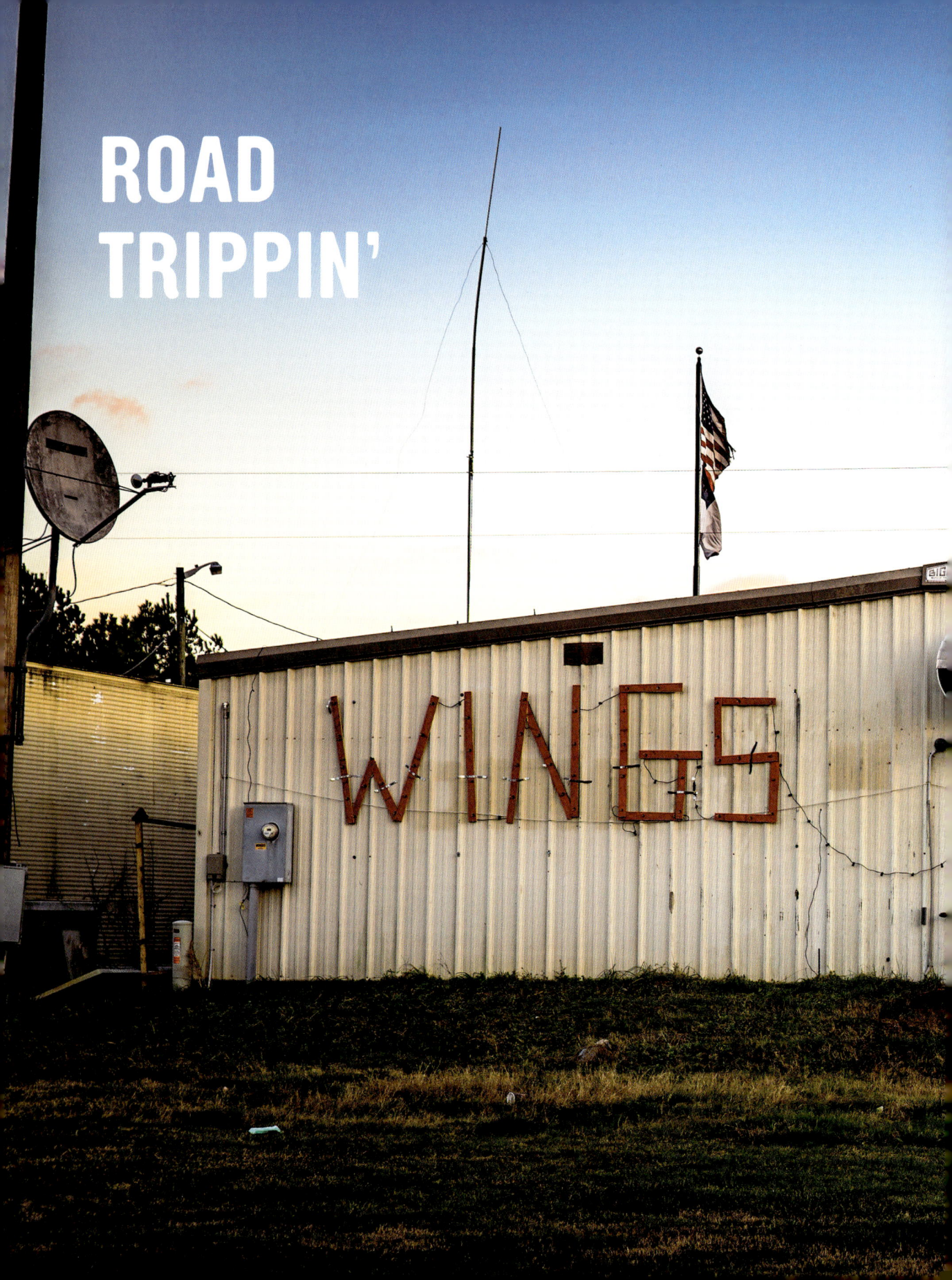

ROAD
TRIPPIN'

UNITED STATES OF BBQ

Im Laufe der Jahre sind es zahlreiche Road Trips geworden, die uns kreuz und quer durch die USA geführt haben. Anfangs war es meist nur Texas und die angrenzenden Bundesstaaten, aber nach einigen Jahren war unser Interesse geweckt, auch andere Bundesstaaten zu entdecken. Wie man in Büchern und im Internet nachlesen kann, sollte sich das BBQ ja von Bundesstaat zu Bundesstaat unterscheiden. Konnte das wirklich so sein?

Als wir unsere absolut größte Meat Tour von New York City bis Austin, Texas, machten - bis die Reifen qualmten – durch 17 Bundesstaaten – 15 Tage, 6 500 Kilometer und 65 BBQ-Shacks, da konnten wir feststellen, dass die regionalen Unterschiede wirklich genauso waren, wie wir es vorher gelesen hatten. Das gilt sowohl für den Stil als auch wie man es isst. Barbecue kann alles sein – von spät abends geöffneten schicken À-la carte-Restaurants in Großstädten bis hin zu Frühstück-BBQ-Läden in Texas.

In South Carolina liebt man die Zubereitung ganzer Schweine – Whole Hog – mit Senf- und Essigsauce, im Nachbarstaat North Carolina schwört man auf Schweinschultern – Pork Shoul-

ders. In Texas regieren Brisket und Pork Ribs, in Kansas City mag man süße Ketchup-Sauce und St Louis Cut Ribs und fährt man nach Memphis, werden dort jede Menge Dry Ribs gegessen. Alabama ist berühmt für seine weiße Sauce zu Hähnchen und in New York ist alles möglich. Auf den nachfolgenden Seiten haben wir eine Auswahl aus den über Hundert BBQ-Restaurants zusammengestellt, die wir im Laufe der Jahre besucht haben. Die meisten haben wir ausgewählt, weil sie richtig gutes Essen haben, aber einige haben außerdem noch etwas anderes, was einen Besuch rechtfertigt. Und seien Sie gewarnt: Es kann ein bisschen riskant sein, Tipps für BBQ-Restaurants zu geben, da es nicht viele Pitmaster gibt, die über die Kunst verfügen, das Niveau zu halten. Das, was einmal fantastisch war, kann beim nächsten Mal schon bisschen langweilig sein, oder umgekehrt. Wir drücken die Daumen, dass Ihr Besuch so gut wird, wie es unsere besten waren!

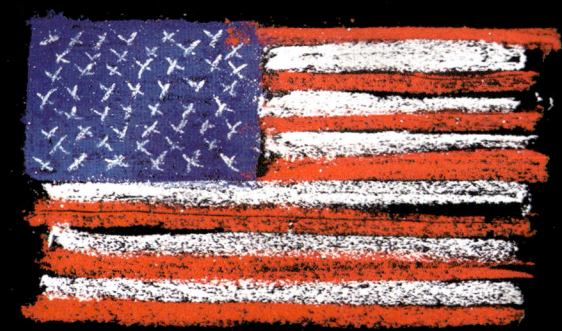

1. WHOLE HOG & PORK SHOULER PULLED PORK

2. MEAT, SAUCE & BEANS

3. BRISKET + PORK RIBS AND SAUSAGES

4. WET & DRY RIBS, SALT & SWEET DRY RUB

5. CHICKEN & WHITE SAUCE

6. WHOLE HOG MUSTARD-VINEGAR SAUCE

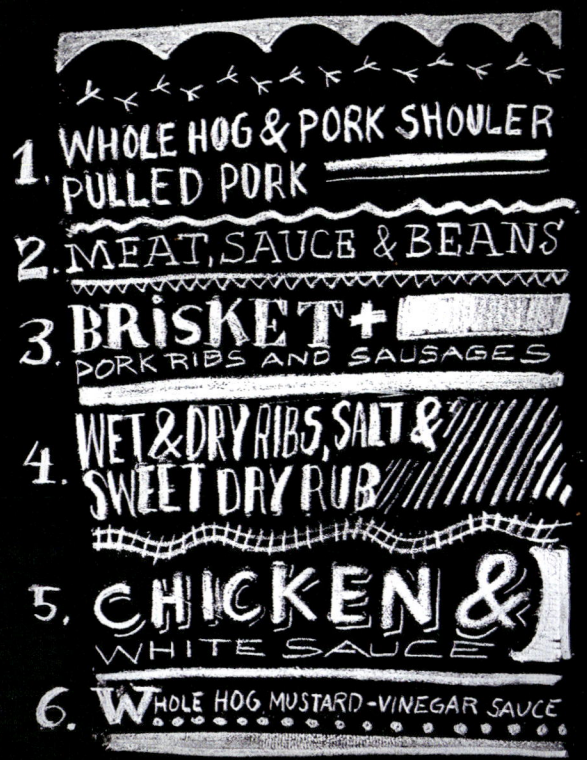

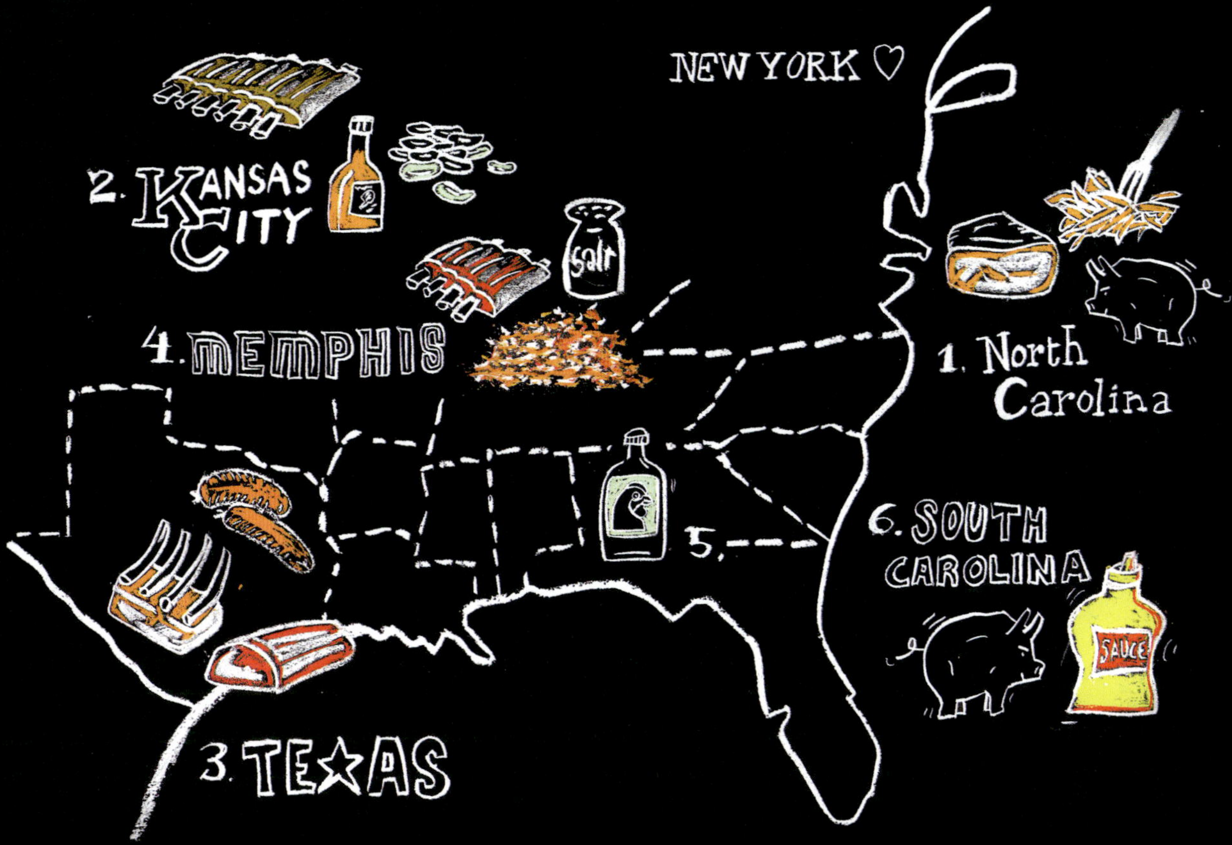

NEW YORK ♡
2. KANSAS CITY
salt
4. MEMPHIS
1. North Carolina
3. TEXAS
5.
6. SOUTH CAROLINA
SAUCE

SKYLIGHT INN BBQ
AYDEN, NORTH CAROLINA
4618 S LEE ST
WWW.SKYLIGHTINNBBQ.COM

Seit Pete Jones die Türen zum Skylight Inn 1947 öffnete, pilgern die Leute nach Ayden, um hier Whole Hog zu essen. 1979 brachte National Geographic das Buch „Back Roads America" heraus, in dem Skylight zum besten BBQ-Laden der USA gekürt wurde. Skylight liegt definitiv ganz weit oben auf unserer Topliste der Authentizität. Das Gefühl, wenn man draußen bei den Smokern steht und 70 Jahre BBQ-Geschichte in sich aufsaugt, ist schon – ehrlich gesagt – ziemlich speziell.

Die Speisekarte besteht aus zwei Sachen: Whole Hog BBQ-Tray und Whole Hog by the Pound. Die Schweine werden ganz zubereitet und dann an „the Chopper" übergeben. Dieser Typ steht den ganzen Tag mit zwei kiloschweren Messern und zerlegt das Schwein nebst Schwarte.

Hier isst man: Whole Hog in Portionen aller Größen, Maisbrot und Coleslaw. Völlig in Ordnung.

SAM JONES BBQ
WINTERVILLE, NORTH CAROLINA
715 W FIRE TOWER RD
WWW.SAMJONESBBQ.COM

In Winterville liegt Sam Jones BBQ. Das Restaurant wurde 2015 eröffnet und hat, außer dass man auch hier auf Whole Hog spezialisiert ist, ansonsten wenig Ähnlichkeit mit Skylight Inn. Es ist neu gebaut, modern und bietet eine volle Speisekarte mit allen BBQ-Varianten und Beilagen. Hier hat man die gemauerten Smoker hinter sich gelassen und stattdessen zusammen mit BBQ-Grills aus Elm City einen Whole-Hog-Smoker entwickelt. Als ob es die einfachste Sache der Welt wäre, schafft es Sam, die ganze Schwarte überall am Schwein knusprig zu bekommen. Wir waren so beeindruckt, dass wir bei unserem letzten Besuch stehenden Fußes einen Smoker kauften.

Hier isst man: Jones Family Original BBQ Tray – zwei Beilagen, Corn Bread und zwei, drei oder vier Sorten BBQ.

SCOTT'S BAR-B-QUE
HEMINGWAY, SOUTH CAROLINA
2734 HEMINGWAY HWY
WWW.THESCOTTSBBQ.COM

Scott's Bar-B-Que öffnete in den späten 70-ern und ist immer noch in derselben alten weiß-türkis gestrichenen Tankstelle untergebracht. Hier gibt es keinen extra Schnickschnack, sondern es geht nur um die reine Kunst des Whole-Hog-BBQ-Smokens: Holz, Fire Barrels, Schweine, Rauch, Mop-Sauce und Geduld. Rodney kennt sich aus, er war 11, als er sein erstes Schwein smokte. Wenn das Schwein fertig ist, übernimmt Ella – Rodneys Mutter. Sie löst die Knochen aus, mischt das Fleisch mit noch mehr Essigsauce und sortiert die Haut nach Knusprigkeit.

Hier isst man: Whole Hog.

LEWIS BARBECUE
CHARLESTON, SOUTH CAROLINA
464 N NASSAU ST
WWW.LEWISBARBECUE.COM

2015 packte John Lewis bei LA Barbecue in Austin seine sieben Sachen zusammen, um aufzubrechen und in Charleston sein Glück zu versuchen. Hier in diesem Bundesstaat der Pig Lovers sein Texas Style BBQ zu etablieren, war absolut kein Problem. Das kann auch daran liegen, dass er zu den besten Pitmastern in Texas (und damit in der Welt) gehört. Und von einem Trailer zu einem Restaurant aufzusteigen, macht das Leben in der Tat etwas einfacher. Der Laden ist durchdacht, gut organisiert und verdammt schön.

Hier isst man: Texas Trinity, d. h. Brisket, Pork Ribs und Hot Guts (Würste).

RODNEY SCOTT'S BBQ
CHARLESTON, SOUTH CAROLINA
1011 KING ST
WWW.RODNEYSCOTTSBBQ.COM

Dass Rodney, der seit 30 Jahren in Hemingway
Schweine gesmokt hatte, jemals in die Großstadt
ziehen würde, hatten wohl nur wenige geglaubt.
Nun, er ist eigentlich nicht umgezogen, sondern
hat lediglich ein weiteres Restaurant eröffnet und
das mitten in Charleston. Hierfür hat Rodney
neue Whole Hog Smoker nach eigenem Design
entwickelt, dank derer sein Smokehouse fast völlig
rauchfrei ist. Nach wie vor ist Whole Hog auch
hier der Renner, aber es gibt auch andere Sachen
auf der Speisekarte. Die kannst du jedoch vergessen – nimm Schwein!

   Hier isst man: Whole Hog.

SWIG & SWINE

CHARLESTON, SOUTH CAROLINA
1217 SAVANNAH HWY
WWW.SWIGANDSWINEBBQ.COM

In Charleston leuchtet seit 2013 ein neuer Stern am BBQ-Himmel. Pitmaster Anthony DiBernardos Swig & Swine hat Charleston im Sturm erobert und uns war sofort klar, warum. Außer richtig gutem BBQ werden hier jede Menge Snacks und Sides angeboten. Hinzu kommt eine große Auswahl an Craft Beer, was ja auch nicht so gewöhnlich ist. Auf Seite 157 findet man unsere Interpretation ihrer Schweineschwarte mit Tabasco Honey und Blue Cheese.

Hier isst man: Schweineschwarte mit Tabasco Honey und Blue Cheese, Fried Pickles, Pork Belly, Brisket und Ribs.

PEG LEG PORKER
NASHVILLE, TENNESSEE
03 GLEAVES ST
WWW.PEGLEGPORKER.COM

Carey Bringles Peg Leg Porker ist ein BBQ-Schwergewicht in Nashville. Hier werden magische, in Salz gebackene Dry Ribs, knusprige Schwarte und Meat Sushi serviert. Der Name Peg Leg Porker ist ein Hinweis darauf, dass Carey als Teenager infolge einer Zellgiftbehandlung ein Bein verloren hat. Das Logo des Restaurants zeigt ein Schwein mit Prothese und das Motto ist „Limpin' aint easy" (Hinkend ist's nicht leicht). Auf alle Fälle sollte man nicht vergessen, im Schnapsladen gleich gegenüber auf der anderen Straßenseite vorbeizuschauen und eine Flasche Peg Leg Porker Tennessee Straight Bourbon Whiskey mitzunehmen.
   Hier isst man: Dry Ribs und Meat Sushi.

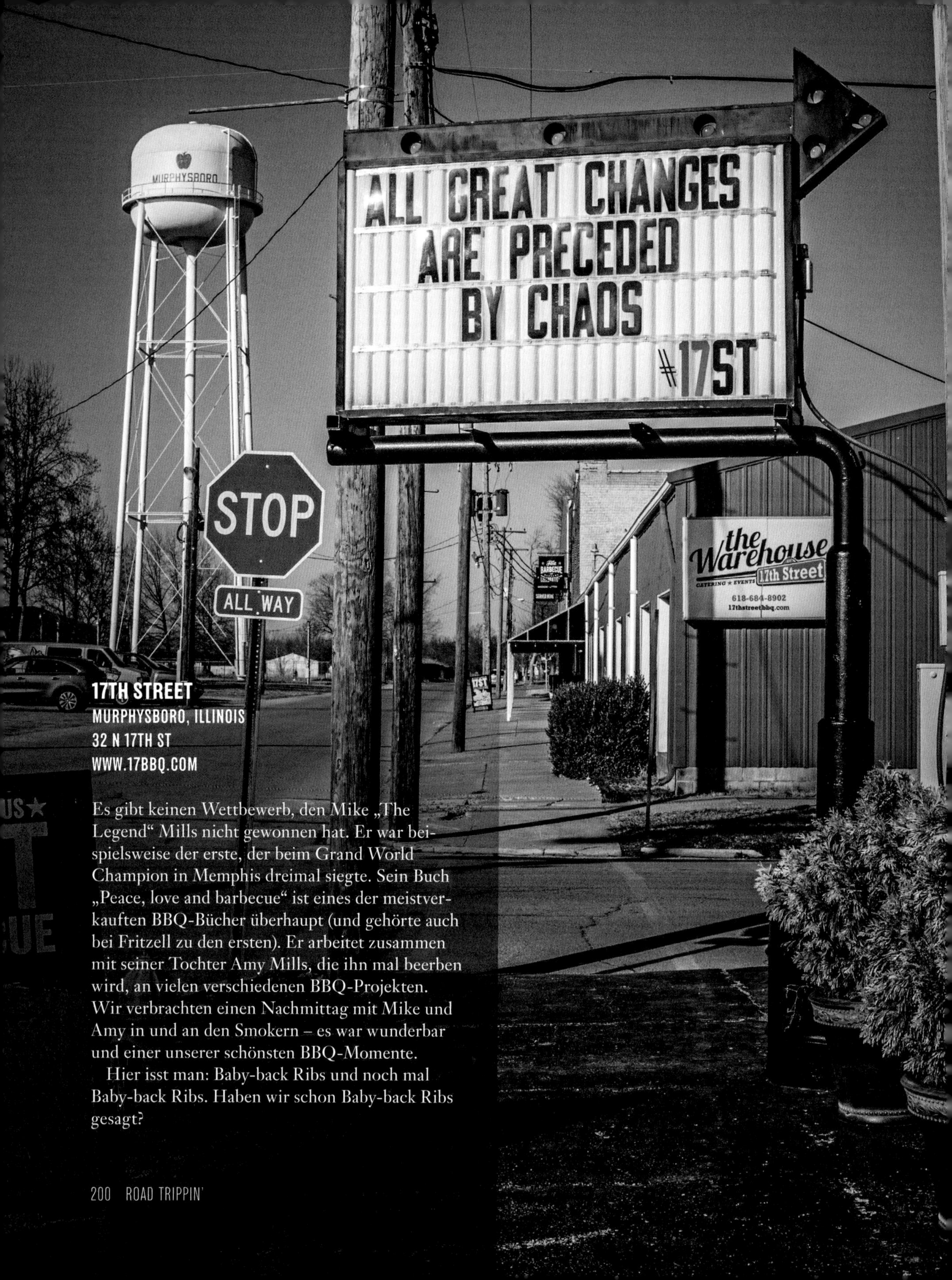

ALL GREAT CHANGES
ARE PRECEDED
BY CHAOS

#17ST

STOP
ALL WAY

the
Warehouse
CATERING ★ EVENTS
17th Street
618-684-8902
17thstreetbbq.com

17TH STREET
MURPHYSBORO, ILLINOIS
32 N 17TH ST
WWW.17BBQ.COM

Es gibt keinen Wettbewerb, den Mike „The Legend" Mills nicht gewonnen hat. Er war beispielsweise der erste, der beim Grand World Champion in Memphis dreimal siegte. Sein Buch „Peace, love and barbecue" ist eines der meistverkauften BBQ-Bücher überhaupt (und gehörte auch bei Fritzell zu den ersten). Er arbeitet zusammen mit seiner Tochter Amy Mills, die ihn mal beerben wird, an vielen verschiedenen BBQ-Projekten. Wir verbrachten einen Nachmittag mit Mike und Amy in und an den Smokern – es war wunderbar und einer unserer schönsten BBQ-Momente.

   Hier isst man: Baby-back Ribs und noch mal Baby-back Ribs. Haben wir schon Baby-back Ribs gesagt?

JOE'S KANSAS CITY BAR-B-QUE
KANSAS CITY, KANSAS
3002 WEST 47TH AVE WWW.JOESKC.COM

Alles fing 1990 an, als die Brüder Jeff und Joy Stehney an ihrem ersten BBQ-Wettbewerb teilnahmen. Der Rauch, der Duft, die Gemeinschaft, der Wettbewerb und natürlich das Essen – all das führte dazu, dass sie sofort Feuer fingen. Als Team Slaughterhouse Five räumten sie bei Wettbewerben ab. Das sprach sich herum und sie bekamen Anfragen für alle möglichen Cateringaufträge und schon bald hieß es, sie sollten doch ein Restaurant aufmachen.

So kam es auch, 1996 eröffneten die Brüder ihr erstes Restaurant und 1997 zog man in die klassische weiß-türkise Tankstelle. Die Legende von Z-Man hat auch was mit der alten Tankstelle zu tun, aber das lassen Sie sich besser mal dort erzählen.

Hier isst man: The Z-Man Sandwich, Ribs und Hühnchen.

2M SMOKEHOUSE
SAN ANTONIO, TEXAS
2731 S WW WHITE RD

2M Smokehouse liegt wie eine kleine türkise Perle im Osten von San Antonio, die Devise „Hand crafted Texas BBQ with a Mexican flare" sagt genau, worum es geht. Hier wird richtig gutes traditionelles Texas BBQ mit mexikanischen Einflüssen serviert – wie beispielsweise Borracho Beans, Chicharroni Macaroni, Picklad Kaktus, Tacos. Oder wie wär's mit den dort hausgemachten Tres Leches? Die Jungs dort haben sogar ihren Smoker El Mexicano getauft.

  Hier isst man: Brisket, Pute und Pork Ribs.

FREEDMEN'S BAR

AUSTIN, TEXAS
2402 SAN GABRIEL ST
WWW.FREEDMENSBAR.COM

Freedmen's hat sich binnen kurzer Zeit einen Platz auf der Texas-BBQ-Karte erobert, weil es hier astreine Briskets gibt. Die Speisekarte bietet tadelloses Texas BBQ, jedoch mit neuen und zeitgemäßeren Beilagen.

Freedmen's Bartender mixen prima Cocktails und man hat die Auswahl unter 200 Sorten Whiskey, also ein Besuch am Abend liegt nahe.

Hier isst man: Erst mal was Flüssiges, man fängt mit einem richtig guten Schluck an, bevor man reinhaut: Smoked Beets, Brisket, Pork Spareribs oder auch eine Holy Trinity Plate, wenn man schon mal dabei ist.

SNOW'S BBQ
LEXINGTON, TEXAS
516 MAIN ST
WWW.SNOWSBBQ.COM

Snow's macht um 8 Uhr auf und schließt, wenn alles alle ist, was meistens schon so um die Mittagszeit der Fall ist. Im Juni 2008 wurde man als die Nummer 1 in der Texas Monthly's Top 50 bewertet, daraufhin explodierten die Samstage in Lexington. Jetzt hat sich das wieder etwas beruhigt, aber nach wie vor wird Snow´s als einer der absolut besten BBQ-Joints in Texas gehandelt.

Miss Tootsie verdient eigentlich ein eigenes Buch. Mit 81 Jahren arbeitet sie immer noch als Hausmeisterin an der örtlichen Schule, aber nur von Montag bis Donnerstag. Freitag und Samstag widmet sie sich dem harten Job als Pitmaster bei Snow's. Respekt, das beeindruckt!

Hier isst man: Brisket, Pork Spare Ribs und Wurst.

FRANKLIN BARBECUE
AUSTIN, TEXAS
900 E 11TH ST
WWW.FRANKLINBARBECUE.COM

Mann, Mythos, Legende – Aaron Franklin!
Schlange ab sechs Uhr morgens, sechs Tage die
Woche, das ganze Jahr über. Jedes Mal, wenn wir
da waren, waren wir immer wieder verblüfft über
die unglaubliche Qualität und wahrscheinlich
noch mehr darüber, dass sie jedes Mal genauso gut
war. Was ist das Geheimnis dieses Brisket-Tem-
pels? Wie kommt es, dass Franklin BBQ Jahr für
Jahr als bester BBQ-Laden in Texas (und damit
automatisch weltweit) ganz oben auf der Rangliste
steht?

　Die Antwort darauf gibt u. a. Aarons 2015 ver-
öffentlichtes Buch, das nur eine Handvoll Rezepte
enthält, dafür aber viel theoretisches Wissen über
Holz, Smoker, Fleisch, Feuer, Rauch, Einsprühen,
Einwickeln, Ruhenlassen usw. Fährt man nach
Texas, um dort BBQ zu essen, ist es das absolute
Muss, sich an der Schlange in 9000E 11th anzu-
stellen – wenigstens einmal!

　Hier isst man: Alles, aber begonnen wird stets
mit einer ordentlichen Ladung Brisket.

PECAN LODGE
DALLAS, TEXAS
2702 MAIN ST
WWW.PECANLODGE.COM

Ein weiterer Beweis dafür, dass sich gutes Handwerk lohnt. Justin und Diane haben damals ihre normalen Jobs an den Nagel gehängt, um weniger unterwegs zu sein und mehr Zeit für die Familie zu haben. Sie starteten mit BBQ an einem kleinen Stand auf dem Dallas Farmers Market. Das Scheinwerferlicht ließ nicht lange auf sich warten – alle vier Jahre bewertet Texas Monthly die besten 50 BBQ-Restaurants in Texas (und damit weltweit).

2013 landete Pecan Lodge aus dem Nichts schnurstracks auf Platz 2. Das mag hier nicht nach einem Big Deal klingen, aber in Texas bedeutet so eine Auszeichnung alles. Mittlerweile ist man dann jetzt auch im schönen Deep Ellum untergekommen.

Hier isst man: Beef Ribs, Brisket und Wurst.

TRUTH BBQ
BRENHAM, TEXAS
2990 US-290

Als Leonard Botello IV die alte Truckerkneipe an der Autobahn nach Brenham übernahm, haben die wenigsten gedacht, dass sich hier zwei Jahre später die Leute an den Wochenenden die Beine in den Bauch stehen würden. Hier werden Rohwaren von absolut höchster Qualität verwendet: Prime Brisket, Duroc-Schwein und hausgemachte Wurst. Samstags werden, wie in vielen anderen Restaurants, außerdem noch Beef Ribs gesmokt. Und bitte noch ein bisschen Platz lassen im Magen und unbedingt die Layer Cakes probieren, die Leonards Mutter backt.

Hier isst man: Brisket, Pulled Pork und Layer Cake.

SMITTY'S MARKET
LOCKHART, TEXAS
208 S COMMERCE ST
WWW.SMITTYSMARKET.COM

1948 eröffnete Edgar A. „Smitty" Schmidt sein Geschäft in Lockhart. Seitdem brennen die mächtigen Öfen in Smitty's Market. Die Atmosphäre ist einzigartig und muss vor Ort erlebt werden. Wir sprechen hier von einer fast sakralen Stimmung. Nach 70 Jahren Kettenrauch an sieben Tagen pro Woche ist alles leicht patiniert. Bei Smitty's isst man gerne sein Frühstück, da hier bereits ab 7 Uhr morgens geöffnet ist. Einige behaupten, dass Smitty's seine Glanzzeit hinter sich hat, aber wir jedenfalls hatten hier einige unserer besten Wursterlebnisse.

Hier isst man: Wurst und Pork Chops.

BEEF

CERTIFIED ANGUS BEEF

* BRISKET .... #18.29/lb
* BEEF RIBS $18.99/lb
* CHOP BEEF
  HALF PINT .... $6.99 ea
  PINT .... 13.99 ea
  QUART .... $24.99 ea

PORK

* SPARE RIBS $14.99/lb
* BABY BACK RIBS
  HALF RACK .... $11.99 ea
  FULL RACK .... $21.99 ea
* PORK LOIN 14.99/lb
* PULLED PORK
  HALF PINT .... $6.99 ea
  PINT .... $13.99 ea
  QUART .... $24.99 ea

POULTRY

* TURKEY BRST $14.99/lb

SAUSAGE

100% CERTIFIED ANGUS BEEF

* ORIGINAL .... $3.00 ea
* JALAPENO .... $3.00 ea
* CHIPOTLE .... $3.00 ea
* TEXAS DOZEN .... $36.00 ea
  (13 LINKS for $ of 12)

SANDWICHES

* BRISKET-SLICED $7.99
* BRISKET-CHOPPED $7.99
* TURKEY BREAST 7.99
* PORK LOIN 7.99
* PULLED PORK 7.99

BAKED POTATO

* NO MEAT .... $5.49 ea
* W/ MEAT .... $9.49 ea

SIDE ORDER

POTATO SALAD, COLESLAW
PINTO BEANS
  SERVING .... $1.49 ea
  HALF PINT .... $2.99 ea
  PINT .... $5.99 ea
  QUART .... $10.99 ea

DESSERTS

* HOMEMADE PEACH COBBLER
  SVG ... 3.99 W/ ICE CREAM 4.99
  PINT $8.29
  QUART 15.99

* ICE CREAM / BLUEBELL
  HOMEMADE VANILLA,
  DUTCH CHOCOLATE,
  COOKIES & CREAM $1.99

LOUIE MUELLER BARBECUE
TAYLOR, TEXAS
206 W 2ND ST

Hier reden wir von einer Legende großen Stils. Schon seit 1949 serviert die Familie Mueller BBQ in Taylor. Wir mögen ihr Barbecue sehr, aber vielleicht noch mehr die Räumlichkeit. Sie ist Patina pur, aber so wird man, wenn man zirka 70 Jahre eingeräuchert wurde.

Wayne Mueller ist Pitmaster in dritter Generation und bestrebt, beim BBQ-Ranking in Mitteltexas immer oben mit dabei zu sein.

Hier isst man: Brisket, Wurst und Beef Ribs.

CITY MARKET
LULING, TEXAS
633 E DAVIS ST
WWW.LULINGCITYMARKET.COM

Noch ein Endloshit, bei City Market wird seit
1958 Fleisch gesmokt. Den klassischen Pitroom
bildet hier ein eigener Raum im Restaurant (man
stelle sich einen verglasten Balkon vor), und hier
kauft man auch sein Fleisch, nur das Fleisch – für
Getränke muss man sich an der anderen Kasse
im Restaurant anstellen. So war das hier immer,
warum sollte man das jetzt plötzlich ändern?
Hier isst man: Pork Ribs und Wurst.

VALENTINAS TEXMEX BBQ
AUSTIN, TEXAS
11500 MANCHACA RD
WWW.VALENTINASTEXMEXBBQ.COM

Wie der Name schon sagt, gibt es deutliche Verbindungen zu Mexico. Die Familie Vidal hat ihre Speisekarte in zwei Teile geteilt, der eine heißt „Tex" und beinhaltet klassisches Texas BBQ mit traditionellen Beilagen, der andere heißt „Mex" und beinhaltet entsprechende Gerichte mexikanischer Prägung: Cerveza Beef Fajita, Smoked Carnitas und Brisket mit Lime-Guacamole und Serrano-Salsa. Als ob das nicht schon genug wäre, kommen auch noch fantastische Breakfast-Tacos hinzu. Alles wird mit Mesquite gesmokt, was ein zusätzliches, besonderes Rauchgefühl verschafft.

Hier isst man: Viel zu viel – aber ist ja auch lecker.

HOMETOWN BBQ
BROOKLYN, NEW YORK
454 VAN BRUNT ST
WWW.HOMETOWNBARBQUE.COM

Bei Hometown wird Brooklyn-style BBQ serviert, d. h. traditionelles Southern BBQ mit Einflüssen aus dem Schmelztiegel Brooklyn. Hier gibt es für alle etwas, auf der Speisekarte findet man z. B. Lamm, vietnamesische Hähnchenflügel, koreanische Sticky Ribs und Pastrami Bacon. Viele der Ideen stammen von Schwergewicht-Pitmaster Billy Durney. Ein Besuch bei Hometown bietet sich an, wenn man nicht die ganze Strecke bis nach Texas hinunter mit einem Mal schafft.

Hier isst man: Brisket, Lamb Belly und Wings.

FETTE SAU
BROOKLYN, NEW YORK
354 METROPOLITAN AVE WWW.FETTESAUBBQ.COM

Joe Carrolls Restaurant Fette Sau in Williamsburg ist eines von denen, die die Barbecue-Szene in NYC in den letzten zehn Jahren echt nach oben gepusht hat. Mit der Mischung aus BBQ-Shack und New York Deli ist ihm ein richtiger Sweet Spot in dieser ehemaligen Autowerkstatt in Brooklyn geglückt. Joe ist sehr darauf bedacht, nur Rassetiere von kleineren Farmen zu nehmen, die frei von GMO und Antibiotika sind.

Joe hat auch eine verdammt gute Kneipe quer über die Straße: St Anselm. So ist es auch nicht verwunderlich, dass man auf der Menütafel neben klassischem BBQ oft auch eine Reihe anderer richtig guter Fleischgerichte findet. Dass man dann noch eine Bar von Rang vor Ort hat, macht die Sache nicht unbedingt schlechter.

Hier isst man: Brisket, Berkshire Pork Belly oder irgendein anderes Fleischgericht von der Aushängetafel.

HOODOO BROWN BBQ
RIDGEFIELD, CONNECTICUT
967 ETHAN ALLEN HWY
WWW.HOODOOBROWNBBQ.COM

Cody Sperry, der Gründer des Restaurants, ist Vollbluttexaner, aber genau wie bei dem legendären HooDoo Brown, „the baddest cowboy of them all", muss alles ein bisschen outlaw sein – was in diesem Fall heißt, sämtliche Stile wild zu vermischen. Die Speisekarte beinhaltet außer dem magischen Texas BBQ eine Vielzahl verschiedener herrlicher Gerichte, ganz zu schweigen von deren Spezialitäten. Das letzte Mal als wir mit Cody redeten, hatte er gerade einen 50 Kilo schweren Alligator gesmokt, um Tacos daraus zu machen.

Needless to say, dass das hier einer unserer absoluten Favoriten ist, den Sie – man kann es gar nicht oft genug sagen – bei Ihrem nächsten NYC-Besuch unbedingt aufsuchen müssen. Wenn man nicht mit dem Auto kommen will, die Züge nach Ridgefield fahren einmal pro Stunde.

Hier isst man: So viel wie man kann!

REGISTER

Bei den Bezeichnungen der Rezepte
haben wir der Authentizität halber
kaum etwas übersetzt. Die meisten Gerichte sind so bekannt, dass
eine Übersetzung nicht notwendig
erschien, andere sind selbsterklärend
und dort, wo eventuell Unklarheiten
oder Fragen auftauchen könnten,
haben wir einfach nur die Hauptzuta-
ten ins Deutsche übersetzt.

DANKE FÜR ALLES!

Nun sind Sie am Ende des Buches angelangt und wir hoffen, dass Sie Spaß hatten und so inspiriert sind, dass Sie sich uns Kettensmokern bald anschließen werden.

Es mag sein, dass wir, Johan und Johan, oder die JoJos, wie Daniel Vaughn uns nennt, so was, wie die Protagonisten in diesem Film sind – aber jetzt haben wir genug über uns selbst geschrieben und möchten den vielen Menschen danken, die uns während unserer Reise unterstützt haben. Die Sache mit „Wir nennen niemanden beim Namen, um keinen zu vergessen" ist absolut richtig. Darum möchten wir uns dafür entschuldigen, dass wir euch nicht persönlich gedankt haben. Ihr bekommt eine Umarmung, wenn wir uns das nächste Mal sehen – ok?

Danke an Fritzells Eltern Eric und Ulla, die immer für uns da sind und in Bräcke arbeiten, und wenn sie nicht dort sind, passen sie sicher auf die Enkel Ville, Herman und Ture auf, damit Fritzells Lebensgefährtin Anna nach Bräcke kommen und dafür sorgen kann, dass es immer schön aussieht im Laden.

Dank an Åkerbergs Lebensgefährtin Frida und seinen Sohn Alfred, die von Zeit zu Zeit ohne den Vater zurechtkommen müssen, wenn er nach Skåne fährt und dort arbeitet.

Danke an Hannah, Carl-Axel und den Rest der Familie Hernström, die uns immer unterstützen.

Dank unserer eigenen kleinen Marketingabteilung mit Åke Högman, der treffsichere Texte schreibt, Björn Borgcrantz, der diese immer in Form bringt, und nicht zuletzt unserem Lieblingsfotografen David Back, der fast alle Bilder des Buches aufgenommen hat.

Danke Maria, Henrik und Josefin vom Verlag Natur & Kultur, danke Conny, der am Layout gearbeitet hat. Es ist doch tatsächlich zum Schluss ein Buch geworden und so ein dickes.

Nicht zuletzt möchten wir der Gemeinde Höganäs danken, die immer für uns da ist und uns unterstützt, wenn wir Hilfe und Rat brauchen – ohne euch gäbe es kein Holy Smoke.

Alle anderen, für die hier kein Platz war, möchten wir sagen: Ihr habt bei uns eine Umarmung gut.

Alles Liebe

HEEL Verlag GmbH
Gut Pottscheidt
53639 Königswinter
Tel.: 02223 9230-0
Fax: 02223 9230-13
E-Mail: info@heel-verlag.de
www.heel-verlag.de

© der deutschen Ausgabe: 2018 HEEL Verlag GmbH
2. Auflage 2021

© der Originalausgabe 2017: Johan Fritzell, Johan Åkerberg und David Back
Verlag Natur & Kultur, Stockholm
Originaltitel: Holy Smoke BBQ
www.nok.se
info@nok.se

Original-ISBN 978-91-27-15049-2

Fotos: David Back
Mit Ausnahme von: S. 9 Stuart McSpadden, S. 47 Paul Almira, S. 67 Robert Jacob Lerma,
S. 10, 14, 15, 23, 181, 196, 197, 202, 209, 212, 213, 214, 215 Johan Fritzell, Vor- und Nachsatz Getty Images.

Vorwort: Daniel Vaughn
Text BBQ Community: Åke Högman
Covergestaltung: Björn Borgcrantz
Layout: Conny Lindström
Lektorat: Henrik Francke
Repro: JK Morris Production, Värnamo

Deutsche Ausgabe:
Übersetzung aus dem Schwedischen: Heike Merklein, Berlin
Satz: Chrissi Mertens
Lektorat: Christine Birnbaum

Printed in Slovenia

978-3-95843-637-4